오키나와
다케토미지마 섬의
다나두이 축제

오키나와 다케토미지마 섬의 다나두이 축제

種子取祭

가리마타 게이이치 저
김용의 역

전남대학교출판문화원

일러두기

번역에 있어 다음과 같은 세부 원칙을 적용하였다.

1. 본문 번역은 원문의 의미를 훼손하지 않기 위해서 직역을 원칙으로 한다.
   문맥상 부득이한 경우에는 적절하게 의역을 한다.
2. 일본어의 한글표기는 원칙적으로 외래어 표기법의 〈가나 문자 표기법〉에 따른다.
3. 원문에는 없지만 독자의 본문 이해를 돕기 위해서 역주를 달아서 보충한다.
4. 본문에 언급된 예능 종목 및 노래의 곡명 등은 「」 부호 안에 넣어서 표시한다.

한국어 번역판 출판에 즈음하여

다케토미지마竹富島의 다나두이種子取祭 예능은 오락성을 지니면서도 제례에서 신에게 봉납하는 예능으로 계승되고 있습니다. 다나두이 예능이 오락에 치우치지 않고 제례적인 성격을 지니고 있는 것은, 섬사람들이 다케토미지마의 제례를 '여섯 시조신六始祖神'에 대한 신앙을 기반으로 하여 계승하고 있기 때문입니다.

바꾸어 말하자면, 다나두이는 다케토미지마의 '여섯 시조신'에 의해 시작되고, 그 예능은 신을 섬기는 제례로서 계승되고 있습니다. 여섯 분의 시조신은 각각 하자마 우타키玻座間御嶽, 나카스지 우타키仲筋御嶽, 고모토 우타키幸本御嶽, 구마하라 우타키久間原御嶽, 하나스쿠 우타키花城御嶽, 하리와카 우타키波利若御嶽에서 제사 지내며, 이들 우타키를 총칭하여 무야마六御嶽라고 부릅니다.

이 무야마라고 부르는 '여섯 시조신'의 유래에 대해서는『琉球国由来記』(1713)라는 문헌에 "옛날 다카토미지마에 여섯 마을이 있었다. 이들 여섯 마을의 추장들은 마을 수호를 위해서 그리고 농작물의 풍작을 기원하기 위해서 신들이 강림하시기를 빌었더니 여섯 신이 각각 여섯 마을에 강림하셨다."라고 기록되어 있습니다. 그 여섯 신을 제사지내는 무야마의 주요 제례는 다음의 (1)에서 (5)까지의 농경의례입니다.

(1) 음력 8월 8일의 윤카이世迎え로 니라이카나이ニライカナイ라는 다른 세계로부터 곡물 종자를 받습니다.
(2) 음력 8월에서 9월 사이의 기해己亥 일에 행하는 시치節祭り로 토지를 정화합니다.
(3) 음력 9월에서 10월 사이의 무자戊子 일에 행하는 다나두이로 곡물 종자를 뿌립니다.
(4) 음력 11월에 행하는 낫키요이根付き祝い로 뿌린 종자가 뿌리를 내린 것을 축복합니다.
(5) 음력 6월에 행하는 푸이穂取り로 수확을 감사드리는 풍년제豊年祭를 거행합니다.

이 중에서 (3) 다나두이는 바다 건너편에 존재하는 니라이카나이 세계에서 곡물 종자를 받아들여서 토지를 정화한 후에 씨를 뿌리는 '파종의례'입니다. 다나두이 봉납의례를 행하는 이틀 동안은 무야마의 신들이 요모치 우타키世持御嶽에 모이고, 제례의 사제 역할을 하는 다케토미지마 공민관의 관장이 중심이 되어 일련의 행사를 거행합니다. 첫째 날은 이른 아침에 행하는 기원, 공민관 집행부의 주사主事 댁으로의 참배, 마당 예능의 봉납, 하자마 촌玻座間村의 무대 예능, 그리고 밤에 행하는 유쿠이世乞い가 다음날 아침까지 이어집니다. 둘째 날은 다시 이른 아침에 행하는 기원, 공민관 집행부의 주사 댁으로의 참배, 그리고 마당 예능의 봉납, 나카스지 촌仲筋村의 무대 예능 순서로 진행됩니다.

그런데 다나두이는 농경의례임에도 불구하고, 현재 다케토미지마에서는 논농사 및 밭농사를 하고 있지 않습니다. 다케토미지마는 오키나와를 대표하는 관광의 섬으로, 류큐왕국琉球王國 시대의 붉은 기와를 올린 지붕, 흰 모래가 뿌려진 길, 검은색 돌담길로 이어지는 아름다운 마을 풍광으로 유명한 섬입니다. 말하자면 농사를 짓지 않는 섬에서 풍작을 기원하기 위해서 일을 멈

추고 노력과 많은 경비를 들여서 다나두이를 거행하고 있습니다. 게다가 총 인구 350명 정도에 불과한 다케토미지마 섬에, 이시가키지만石垣島, 오키나와 본도沖縄本島, 일본 본토에서 귀향자가 모이면, 다나두이 당일에는 2,000명 정도로 늘어납니다. 농사를 짓지 않는 섬에서 풍작을 기원하기 때문에 이치에 맞지 않는 제례라고 지적하는 사람도 있습니다. 그렇지만 다나두이는 농업이 쇠퇴함에 따라서 농업의례 내지 파종의례의 틀을 벗어난 새로운 제례로 거듭났습니다.

다나두이는 600여년에 이르는 다케토미지마의 역사를 전하는 제례이며, 선조 대대로 이어진 다케토미지마의 정신을 계승하는 제례로 거행됩니다. 또한 파종의례에 더해서 자손이 번영하고 모두의 건강을 기원하게 되었습니다. 다나두이는 선조 대대로 이어진 다케토미지마의 역사라는 시간 축, 다케토미지마를 중심으로 야에야마八重山·오키나와 본도·일본 본토로 확대되는 공간축을 핵심으로 하여 진행합니다. 이와 같은 시간과 공간을 씨줄과 날줄로 삼아서 촘촘하게 연결된 섬사람들의 아이덴티티를 확인하기 위한 장場이 바로 다나두이라고 인식하기에 이르렀습니다.

그 결과, 섬의 주위가 불과 9킬로미터 정도에 불과한 작은 섬에서 행하는 소규모의 제례가 많은 사람들을 끌어들이게 되었습니다. 그 요인은 현대사회에서도 근대 이전부터 다케토미지마에 이어진 전통적인 정신이 여전히 계승되고 있기 때문입니다. 구체적으로 말하자면 다케토미지마에 존재하는 신·요괴·선조의 영혼들이 때에 따라서 섬사람들에게 메시지를 발신하거나 계시를 내려줍니다. 그러면 섬사람들은 복잡하고 미묘한 이들 메시지나 계시를 민감하게 받아들였습니다.

다시 말하자면 다케토미지마는 신, 요괴, 선조의 영혼, 자연과 인간 사이를 구분하는 담장이 낮고, 서로가 잘 통할 수 있는 장치를 충실하게 계승해 왔습니다. 그 장치에 해당하는 존재가 다케토미지마에서 활동하는 여성 무속인

간쓰카사神女나 성스러운 공간 우타키御嶽, 그리고 두누이무투トゥヌイムトゥ라고 부르는 우타키 총괄자의 집안입니다. 두누이무투는 세습하는데 미륵신彌勒神과 관련한 집안, 혼자 신ホンジャー神과 관련한 집안도 세습하면서 선조신과 지금 우리들을 연결해주는 장치로써의 역할을 다하고 있습니다.

참고로 고모토 우타키를 총괄하는 두누이무투 집안은 나의 친척집이기도 합니다. 그 집 마당 한쪽에는 '말을 하는 고목古木'이 존재하고 있습니다. 일찍이 그 고목을 자르고자 했던 남자들이 "자르지 마!"라고 부르짖는 고목의 소리를 듣고서 혼비백산하여 도망쳤다는 이야기가 전해오고 있습니다. 뿐만 아니라 그 두누이무투 집에서는 밤에 여러 가지 괴상한 일이 일어난다는 소문도 자자합니다.

본서를 번역한 김용의 선생님이 그 집에서 열흘 정도 혼자 머문 적이 있습니다. 2002년 7월 무렵의 일입니다. 다케토미지마로 민속조사를 온 김 선생님께 마침 그 집이 비어 있어서 소개를 하였습니다. 외지에서 들어온 사람이 혼자 머물기에는 너무 무서운 집이라서 일부러 집에 얽힌 이야기를 전하지 않았습니다. 그 후 김 선생님에게 들어보니, 내가 기대한 대로 김 선생님은 밤중에 몇 번이고 그 집 '조상들의 메시지'를 수신했다고 합니다. 아마도 많이 놀라고 무서웠을 겁니다.

김 선생님이 다케토미지마에서 보고 듣고 느낀 여러 가지 체험이 본서의 번역에 반영되었을 것으로 생각합니다. 다케토미지마에서 거행하는 제례와 예능은 지금도 신, 자연, 그리고 인간을 매개하는 역할을 다하고 있습니다. 한국의 독자 여러분께서 이 점을 공감하고 이해해주신다면 더할 나위 없이 기쁘겠습니다.

2018년 12월 30일

오키나와국제대학 특임교수 가리마타 게이이치(狩俣惠一)

머리말

일본열도의 남쪽에 펼쳐진 오키나와의 섬들은 일찍이 류큐 왕국琉球王國을 형성하여 독자적인 류큐 문화의 세계를 이루고 있었다. 류큐 왕국의 궁정사회에서는 물론이고 각각의 섬과 촌락에서도 신화와 전설과 노래가 전승되고 춤과 교겐狂言을 신들에게 봉납해 왔다.

그 류큐 문화를 접하면서 어떤 사람은 오랜 옛날의 원초적인 일본의 풍경을 상상한다. 어떤 사람은 중국을 비롯한 아시아 여러 나라의 문화를 느끼기도 한다. 또 어떤 사람은 오키나와의 비극적인 역사를 떠올리며 인고의 역사가 이어진 오키나와에 어떻게 이처럼 고상하고 풍부한 문화가 가능했는지 의아하게 생각하기도 한다.

이 풍부한 류큐 문화의 파도는 오키나와 남쪽 끝에 위치한 야에야마 제도八重山諸島의 섬들에도 밀려왔다. 야에야마 제도에 속하는 다케토미지마竹富島 사람들은 밀려든 오키나와 문화를 아끼며 자신들의 생활에 필요한 양식糧食으로 여기며 육성해 왔다. 다케토미지마에 밀려든 개개의 문화는 몇 백 년 동안의 세월을 거치며 다케토미지마의 경관이 되고 전통예능으로 자리 잡았다.

다케토미지마의 취락은 고류큐古琉球의 풍경을 연상시킨다. 하얀 모래 길에 이어진 검은 돌담과 지붕에 빨간 기와가 얹어진 민가가 늘어서 있다. 이와 같은 경관을 기반으로 하여 류큐의 다양한 전통문화가 전승되어 왔다. 그 중에서도 해마다 가을철에 거행되는 다나두이種子取祭는 풍부한 예능과 노래가 이어져 섬을 찾아온 방문객들을 압도한다.

다나두이에 참가한 사람들이 경험하는 것은 저 마음 깊은 곳에서부터 밀려오는 감동과 축제에 함께 참가한 동료와의 연대감이다. 다나두이를 개최하는 에너지는 부모에게서 자식에게로, 그 자식에게서 손자에게로 대대로 계승되어 왔다. 그 에너지가 역사적이자 공동체적인 우리들 생활을 유지할 수 있도록 만든다. 이 때문에 다나두이가 열리는 날이면 다케토미지마라는 섬 전체가 자연과 인간이 조화를 이룬 거대한 극장으로 변모한다.

이 책은 그와 같은 다나두이에 참가하고자 하는 사람들을 위해서 엮은 핸드북이다. 여기 수록한 공연 종목은 다케토미지마의 정신이 표출된 독자적인 전통예능과 매년 반복해서 공연하는 종목 위주로 엄선하였다.

가리마타 게이이치

목차

III. 하자마 촌의 무대예능

교겐부

무용부

V. 나카스지 촌의 무대예능

교겐부

무용부

부록

Ⅰ. 다나두이의 개요

다나두이의 유래 전승

다케토미지마竹富島[1]의 다나두이種子取祭[2]에 관한 유래 전승에는 네레칸두根原金殿를 비롯한 무야마六山의 신들이 등장한다. 무야마는 여섯 군데의 우타키御嶽를 일컫는다.[3] 그 유래 전승은 다음과 같이 전해지고 있다.

옛날 다케토미지마에 여섯 마을이 있었고 여섯 마을에는 각각 추장이 있었다. 이들은 하자마 촌玻座間村의 네레칸두, 나카스지 촌仲筋村의 아라시하나카사나리新志花重成, 고모토 촌幸本村의 곤투훈가라幸本節瓦, 구마라 촌久間原村의 구마라하쓰久間原ハツ, 하나스쿠 촌花城村의 다가니둔他金殿, 하리와카 촌波利若村의 스카둔塩川殿이라는 여섯 추장이 존재했다.

이 여섯 추장 중에 네레칸두와 아라시하나카사나리가 누가 농작물을 관장할 것인지를 놓고 분쟁을 벌였다. 그 결과, 하자마 촌의 네레칸두는 조 농사를 관장하고 나카스지 촌의 아라시하나카사나리는 보리 농사를 관장하게 되었다. 그 후 아라시하나카사나리는 파종하는 날을 네레칸두가 파종하던 무자일戊子日로 바꾸었다.

그러나 다른 추장들은 네레칸두를 따라서 파종하는 날을 정하지 않았다. 특히 곤투훈가라는 기축일己丑日에 파종할 것을 강력히 주장하였다. 그러자 네레칸두는 여동생을 곤투훈가라에게 시집보냈다.

1 오키나와 본도에서 남쪽 야에야마 군八重山郡 다케토미 정竹富町에 속하는 섬이다. 야에야마 제도의 중심지인 이시가키지마石垣島에서 약 6km 떨어진 곳에 위치한다. 현재 인구는 약 300명 정도이며 가구 수는 160호 정도이다. 섬 이름은 메이지明治시대 중반까지 '다케토미武富'로 표기하는 경우가 많았고, 그 이전에는 '다키둔タキドゥン'이라고 불렸다.

2 '種子取祭'는 공용 일본어로는 '다네도리사이'라 하고 다케토미지마 섬에서는 '다나두이'라고 부른다. 본서에서는 이 축제의 역사성과 현장성을 존중하여 '다나두이'라는 말로 통일하여 사용하기로 한다.

3 '우타키'란 오키나와 전역에 존재하는 민속신앙의 성지이다. 한국의 서낭당과 유사한 신성한 장소로 개인 및 마을 단위 신앙에서 핵심적인 공간이다.

하자마 우타키에서 제례를 거행하는 간쓰카사

네레칸두의 여동생은 남편 곤투훈가라에게 이렇게 말했다.

> "오라버니 네레칸두가 농사를 짓는 조와 당신이 농사를 짓는 조는 설령 같은 양이라고 해도, 오미키お神酒[4]나 이이야치飯初(조와 찰진 곡식과 팥으로 만드는 다나두이의 공물)을 만들면, 오라버니가 농사를 지은 조가 그 양이 더 많습니다. 또 당신이 파종을 하는 기축일은 뿌린 씨앗이 땅속에서 죽는 나쁜 날이지만 오라버니 네레칸두가 파종을 하는 무자일은 작물이 땅속에서 뿌리를 내리는 좋은 날입니다."

곤투훈가라는 아내에게 이 말을 듣고서 네레칸두처럼 무자일에 파종을 하기로 하였다.

한편 다케토미지마의 동쪽에 사는 구마라하쓰, 다가니둔, 스카둔 세 명의 추장은 갑오일甲午日에 파종을 하고 있었다. 그들은 네레칸두의 풍작을 보고서 우리도 무자

4 제례에서 신에게 바치는 술을 의미한다. 제례가 끝나면 참가자들이 함께 마신다.

5 오키나와에서 야에야마 지역에 전하는 의례적인 집단예능이다. 우슈마이ウシュマイ라는 노인 가면과 은미ンミ라는 노파 가면을 쓴 두 사람을 선두로 하여 마을의 집들을 돌며 이야기와 노래, 춤을 춘다. 안가마에는 음력 7월 보름 날 밤에 조령祖霊을 공양하기 위해서 행하는 「소론ソーロン 안가마」, 여성들의 군무인 「시쓰節 안가마」, 가옥의 신축 의례 때 행하는 「야즈쿠리家造り 안가마」 등이 있다.

6 '유世'에는 시대나 계절과 같은 시간적인 개념과 결실 및 풍요라는 의미가 담겨있다. '쿠이乞い'는 무언가를 기원한다는 의미이다. 따라서 '유쿠이'는 풍요를 기원한다는 의미이다.

7 다나두이의 유래와 밀접하게 관련이 있는 노래이다. 네레칸두가 고집한 무자일의 다나두이를 따랐던 여섯 신(여섯 명의 추장)이 불렀던 노래라고 여겨지고 있다.

유무치 우타키의 정면(상)
우타키에서 기원하는 간쓰카사神司(하)

일에 파종을 하는 것이 좋겠다고 생각하게 되었다. 세 명의 추장과 곤투훈가라는 복면을 쓰고 가장을 한 안가마アンガマ[5]의 모습으로 분장하고 네레칸두에게 파종하는 법을 배우기 위해 그의 집을 방문하였다. 그리하여 다케토미지마 전체가 같은 무자일에 행하게 되었다. 그 과정에서 주고받은 노래를 유쿠이世乞い[6]의 마키우타巻き歌[7]로서 부르고 있다.

이들 여섯 추장을 각각의 우타키에 신으로 모시고 있다. 다케토미지마에서는 그 여섯 우타키를 총칭하여 '무야마'라고 부르고 있다.

미륵봉안전 앞에 모인 마을의 장로 및 유지

다나두이와 봉납예능

흔히 다나두이는 600년의 역사를 지니고 있다고 하지만 언제부터 시작되었는지는 알 수 없다. 오키나와 본도에서 행해졌던 단투이種子取 행사가 야에야마 제도八重山諸島[1]에 위치한 섬들에도 전해졌을 것으로 여겨진다.

따라서 다나두이의 기원은 류큐 왕국琉球王國[2]과의 왕래가 빈번해진 1,500년의 오야케 아카하치遠弥計赤蜂 전란[3] 이후일 것이다.

다나두이의 기원은 분명히 알 수가 없지만 그 유래에 관한 전승으로 추정하면 최초의 다나두이는 무야마(여섯 우타키)에서 각각 별도로 행해졌던 듯하다. 그 후 하자마 촌과 나카스지 촌에서 행하는 두 종류의 다나두이로 나뉘었다가 현재와 같이 두 마을이 함께 행하는 다나두이로 변모했을 것으로 생각된다.

1 다케토미지마를 비롯하여 이시가키지마, 이리오모테지마西表島, 고하마지마小浜島, 하토마지마鳩間島, 구로시마黒島, 아라구스쿠지마新城島, 하테루마지마波照間島, 요나구니지마與那國島 등으로 구성되었다. 그 중에서 하테루마지마는 일본열도 가장 남쪽에 위치하며, 요나구니지마는 가장 서쪽에 위치한다.

2 류큐는 오키나와의 옛 지명이다. 류큐 왕국은 1429년부터 1879년까지 450년간 류큐 제도琉球諸島를 중심으로 존재했던 왕국이다. 동북아시아와 동남아시아를 연결하는 해상로에 위치하여 무역으로 발전하였다. 1609년 일본 사쓰마 번薩摩藩의 시마즈 씨島津氏의 침입을 받아 그 지배 아래 놓이게 되었다. 1879년에 일본으로 편입되어 오키나와 현縣이 되었다.

3 오야케 아카하치는 야에야마지마八重山島 오하마 촌大浜村의 호족이다. 이 전란은 1500년 오야케 아카하치와 류큐 왕

미륵봉안전 내부에 안치된 미루쿠 가면

다나두이는 시대의 변화와 함께 봉납하는 예능의 공연 종목을 늘려왔는데, 그 중에서 구미오도리組踊[4]를 공연하게 된 것은 오키나와 현沖縄縣이 탄생한 1879년 이후의 일로 볼 수 있다.

메이지 시대明治時代에 출생한 마을의 나이든 노인들은 젊었을 때에, 지방을 순회하는 오키나와연극단 배우들로부터 구미오도리와 류큐 무용[5]을 배웠다. 쌀 한 가마니로 다른 섬에서 교겐狂言[6]을 배운 노인도 있었다. 또 전후에 선배들이 이시가키지마石垣島[7]에서 영화를 보고 예능의 대본을 쓰거나, 도에이東映 영화사가 제작한 조폭 영화인 야쿠자ヤクザ 영화를 보며 검술 연극을 배운 사실은 잘 알려져 있다.

국의 쇼신 왕尚眞王 사이에 발생하였다. 오야케 아카하치는 민중의 영웅으로 알려진 인물로, 이 점 때문에 한국에서 홍길동과의 관련성이 주목되기도 하였다.

4 본래 중국에서 온 책봉사를 환대하기 위해서 창작하였다고 한다. 1719년 쇼케이 왕尙敬王의 책봉의식에서 처음 상연되었다고 전해진다. 류큐 왕국의 국극國劇으로 대사, 음악, 무용 등으로 구성된다.

5 현재 오키나와 현에서 계승되는 무용을 총칭하여 이렇게 부른다. 흔히 줄여서 '류부琉舞'라고 부르기도 한다.

6 본래는 일본의 전통예능 중의 하나를 가리키는 용어이지만 여기서는 일본 본토의 교겐과는 달리 예능 전반을 가리키는 용어로 사용되었다.

7 오키나와 현 이시가키시石垣市에 속하는 섬이다. 오키나와 현 내에서 오키나와 본도와 이리오모테지마에 이어서 세 번째로 큰 섬이다. 이곳에서 배를 타고 다케토미지마로 들어간다.

9일 동안의 다나두이

다나두이를 행하는 기간은 양력 10월 및 11월 중에 돌아오는 간지干支 중 갑신일甲申日부터 임진일壬辰日까지의 9일 동안이다. 그 기간 중에 축제 분위기가 나는 봉납 예능을 행하는 날은 경인일庚寅日과 신묘일辛卯日 이틀 동안이다.

그렇지만 간지를 사용하지 않는 현재는 이 기간을 쉽게 알기가 어렵다. 따라서 올해의 다나두이가 몇월 몇일에 행해지는지를 알 수 있는 가장 간편한 방법은 양력과 음력 간지가 함께 기입된 달력을 참조하는 것이다. 양력 10월 및 11월 중에 돌아오는 간지 중에서 경인일과 신묘

유무치 유타키의 무대에서 행하는 간타이歡待 의식

일 이틀 동안이 다나두이 봉납예능을 행하는 날이다. 9일 동안의 다나두이는 대략 다음과 같은 일정으로 진행된다.

1일째

흔히 다나두이는 갑신일부터 시작된다고 하지만 이는 봉납하는 예능의 연습을 시작하는 날이다. 이 날이 되면 예능을 공연하는 사람들이 구니요시 집안國吉家과 세이모리 집안生盛家에 모인다. 구니요시 집안은 하자마 촌의 혼자 댁ホンジャー宅[1]이며 세이모리 집안은 나카스지 촌의 혼자 댁이다. 여기 모인 사람들은 혼자 앞에서 예능의 배역을 정식으로 결정한다.

1 본서에 자주 등장하는 '혼쟈'란 '훈·이이쟈フン·イイジャー'를 가리킨다. '훈'은 구역·지역을 의미하며 '이이쟈'란 '아버지'라는 의미이다. 어느 특정한 지역의 아버지와 같은 존재로 해석할 수 있겠는데, 여기서는 예능을 총괄하는 책임자라는 의미로 사용되었다. 하자마촌의 혼쟈는 구니요시 집안의 당주, 나카스지 촌의 혼쟈는 세이모리 집안의 당주가 대대로 그 역할을 맡아 왔다.

2일~4일째

을유일乙酉日, 병술일丙戌日, 정해일丁亥日은 봉납예능을 연습하고 요리를 준비한다.

나카스지 촌의 시두랴니 예능 1

5일째

무자일戊子日에는 다타미畳 반 장 정도 규모의 밭에 씨앗을 뿌린다. 이전에는 각각의 집에서 파종을 하였지만 현재는 거의 행하지 않는다. 이 날 이이야치飯初를 만든다.

이이야치는 다나두이 음식으로 조와 찰진 곡식, 그리고 팥을 섞어서 만드는 음식이다. 유무치 우타키世持御嶽[2]에서 간쓰카사神司[3]가 다나두이의 기원을 한다. 이날 무대 주변에 막사를 친다.

6일째

기축일은 은가소지ンガソージ[4] 라고 해서 크게 정진하는 날이다. 다나두이를 주관하는 집에서는 오나리 신オナリ神(자매·친척여성)[5]을 초대하여 이이야치를 받는 의식인 '이이야치카미飯初戴み'를 행한다. 밤에는 각 마을에서 사람들이 모여 봉납예능의 리허설을 행한다.

7일째

경인일에는 하자마 촌 사람들이 유무치 우타키 앞에서 무대예능을 봉납한다. 밤에는 하자마 촌의 동쪽 마을, 하자마 촌의 서쪽 마을, 나카스지 마을로 나뉘어 각 가정을 돌며 유쿠이世乞い를 거행한다.

2 이곳은 1914년부터 38년 동안 다케토미 촌의 촌사무소가 있었던 장소이다. 이곳에 한국의 조왕신에 해당하는 히누칸火の神과 농경의 신을 모시게 되었다. 다나두이 축제는 여기서 시작한다.

3 신을 모시고 제례를 거행하는 여성 사제이다. 다케토미지마에는 무야마라 부르는 여섯 군데 우타키에 각각 이를 담당하는 간쓰카사가 정해져 있다. 이 점에 관해서는 본서의 부록으로 수록한 김용의의 해제논문을 참조.

4 한자로는 '大精進'으로 표기한다. 본문에서 언급하고 있는 바와 같이 정진하는 날이다.

5 역사적으로 오키나와 전역에서 확인할 수 있는 전통적인 신앙 형태로 오키나와 민속신앙을 이해하기 위해서 중요한 개념이다. 여자형제를 의미하는 오나리가 남자형제를 의미하는 에케리ゑけり의 수호신이 되어 이들을 지켜준다는 신앙이다.

8일째

신묘일에는 나카스지 촌 사람들이 유무치 우타키 앞에서 무대예능을 봉납한다.

9일째

임진일에는 뒷정리와 다나두이의 결산을 한다.

나카스지 촌의 시두랴니 예능 2

봉납예능 이틀 동안의 공연일정

9일 동안의 다나두이 중에서 가장 축제다운 날은 7일째 경인일과 8일째 신묘일로 이날은 봉납예능을 행하는 날이다. 다음은 그 이틀 동안의 공연 일정이다.

나카스지 촌의 시두랴니 예능 3

첫째 날의 봉납예능·하자마 촌

❶ 오전 5시경

다나두이를 행하는 유무치 우타키에서 간쓰카사가 기원을 한다. 또 기원과 함께 동쪽에 위치한 미륵봉안전彌勒奉安殿에서는 요나쿠니與那國 가문·오야마大山 가문의 당주를 비롯하여 공민관장이나 원로들이 중심이 되어 '미루쿠우쿠시彌勒起こし'[1] 의식을 행한다.

❷ 오전 6시경

유무치 우타키의 특설무대에서 간타이歡待 의식[2]을 행한다.

❸ 오전 8시경

공민관장을 비롯하여 섬의 행정기관 임원들과 원로들이 북과 징을 치며 마을의 책임자인 주사主事 집을 방문한다. 이를 산케이라고 하는데 이를 행할 때는 유쿠이 노래를 부른다.[3]

1 유무치 우타키 옆에 위치한 미륵봉안전彌勒奉安殿 앞에서 마을 장로들이 정좌를 하고 엄숙하게 행하는 의식이다.

2 봉납예능을 시작하는 날 아침에 마을에서 중요한 직책을 맡은 사람들과 장로들이 유무치 우타키 앞에 설치된 무대에 앉아서 행하는 의식이다. 제주 역할을 맡은 마을의 공민관장이 각 촌의 유지들에게 정중하게 술을 권한다.

3 '산케이參詣'는 원래 사족士族의 집을 방문하여 유쿠이 의식을 행했던 자취라고 한다.

산케이 맞이하기 1

4 앞서 소개한 유쿠이에 참가하는 마을 유지나 참가자들이 간쓰카사로부터 이반을 받아서 하치마키鉢巻라고 부르는 머리띠에 꽂아 넣는다. 이어서 밤새도록 유쿠이에 참가하겠노라고 맹세를 한다.

5 오키나와에서 흔히 마실 수 있는 전통주이다. 증류주로 근대 이전에는 중국과 일본의 권력자에게 헌상하였다.

산케이 맞이하기 2

❹ 오전 10시경

주사 집으로 참배하러 갔던 집단이 유무치 우타키로 돌아오면 그 광장에서 맞이하여 마당예능庭の芸能을 봉납한다. 이어서 오전 11시경에 특설무대에서 하자마 촌의 예능을 봉납한다.

❺ 오후 6시 30분경

하자마 촌 무대예능이 끝남과 동시에 유무치 우타키 앞에서 간쓰카사로부터 이반イバン을 받는 이반카미イバンカミ 의식[4]을 행한다. 이반이란 야생밀감의 잎을 가리킨다. 의식을 통해 간쓰카사로부터 이반을 받은 사람은 철야로 행하는 유쿠이에 빠질 수가 없다. 이반카미 의식이 종료하면 유쿠이 집단은 네레根原 집안의 집에서 최초의 유쿠이를 행한다. 이어서 세 마을로 집단이 나뉘어 유쿠이를 행한다. 유쿠이를 행하는 집단은 각 집에서 환영을 받으며 마늘, 문어 초무침, 소금, 그리고 아와모리泡盛[5] 술을 대접 받는다.

둘째 날의 봉납예능·나카스지 촌

❶ 오전 5시 30분경

전날 밤의 유쿠이 집단이 네레 집안의 집으로 모인한다. 이어서 유무치 우타키로 이동하여 전날 받았던 이반을 반환하는 의식을 행한다.

❷ 오전 6시경

유무치 우타키의 특설무대에서 나카스지 촌의 시두랴니シドゥリャニ[6] 예능을 봉납하고 전날과 동일하게 간타이歡待 의식을 행한다.

❸ 오전 8시경

전날과 동일하게 마을의 책임자인 주사 집을 방문하여 '참배'를 한다.

6 이는 나카스지 촌의 연장자들이 중심이 되어 유무치 우타키의 신에게 춤을 봉납하는 예능이다.

산케이 의식의 마키우타 장면

❹ 오전 10시경

주사 집을 방문하는 참배 집단이 유무치 우타키에 돌아오면 광장에서 이들을 마중 하고 마당예능을 봉납한다. 이어서 특설무대에서 나카스지 촌의 예능을 봉납한다.

❺ 오후 5시경

식인 요괴를 퇴치하는 「오니 교겐鬼狂言」[7]을 끝으로 이틀째의 봉납예능을 모두 종료한다.

7 이 교겐은 오키나와 본도에서 전해졌을 것으로 추정된다. 왜냐하면 여기 등장하는 인물들이 사용하는 말이 본도의 말이며 오키나와 본도에 위치한 모토부 산本部山을 배경으로 하고 있기 때문이다. 그 내용을 보면 봉술이 뛰어난 후쿠나카 페친福仲親雲上이라는 무사가 검술이 뛰어난 모토무라 사투누시本村里主, 그리고 가라테空手가 뛰어난 사쿠마 사투누시佐久間里主와 함께 모토부 산으로 가서 식인 요괴(오니)를 퇴치한다는 줄거리이다.

봉납예능의 조직

봉납예능에서 남자들이 담당하는 교겐부狂言部의 경우는 하자마 촌과 나카스지의 두 조직으로 나뉘어져 있다. 그리고 여자들이 담당하는 무용부는 하자마 동쪽·하자마 서쪽·나카스지의 세 조직으로 구성된다.

교겐부는 마당예능에 속하는 봉棒·북太鼓 ·승마馬乘者, 무대예능에 속하는 혼자ホンジャー·미루쿠ミルクー·교겐·구미오도리·연극을 담당한다. 그리고 하자마 촌과 나카스지 촌이 담당하는 공연 종목은 미리 정해져 있다.

산케이 의식의 유바노레

무용부는 하자마 촌의 동쪽 마을·하자마 촌의 서쪽 마을·나카스지로 나뉘어져 있다. 이들이 담당하는 공연 종목도 거의 고정되어 있다. 이를 표로 정리하면 다음과 같다.

<table>
<tr><th></th><th>하자마 촌</th><th>나카스지 촌</th></tr>
<tr><td>교겐부</td><td>마을 동쪽과 서쪽의 남자</td><td>나카스지 마을의 남자</td></tr>
<tr><td rowspan="2">무용부</td><td>마을 동쪽의 여자</td><td rowspan="2">나카스지 마을의 여자</td></tr>
<tr><td>마을 서쪽의 여자</td></tr>
</table>

Ⅱ. 마당예능

봉

봉棒은 다나두이種子取祭를 시작할 때의 정화나 재계齋戒의 의미가 있다고 전해진다. 법라法螺貝·징銅鑼·북 소리와 함께 1번 봉에서 5번 봉까지의 종목을 연출한다. 1번 봉은 두 사람이 석 자 길이의 봉으로 봉술을 겨룬다. 2번 봉·3번 봉·5번 봉은 칼과 창이나 나기나타薙刀[1]와의 대결이다. 그리고 4번 봉은 낫과 나기나타와의 대결이다.

석 자짜리 봉·낫·칼을 들고 출연하는 연기자는 머리에 만사지マンサージ라고 부르는 보라색 두건을 묶은 복장으로 등장한다. 다만 낫을 든 연기자는 최근 파초芭蕉로 지은 옷을 입은 농부 모습으로 바뀌었다. 창과 나기나타를 든 연기자는 진바오리陣羽織[2]를 입은 무사 모습의 복장을 한다.

1 칼끝이 넓게 휘어지고 손잡이가 긴 무기이다. 벤케이弁慶라는 전설적인 무사가 이 무기를 잘 사용한 것으로 유명하다.

2 옛날 무사들이 진중陣中에서 갑옷 위에 걸쳐 입던 소매 없는 하오리羽織이다. 하오리는 짧은 옷으로 긴 옷 위에 걸쳐 입었다.

「봉」 예능을 선보이는 마을 젊은이들

북

북太鼓은 작은 북을 왼손으로 들고 오른손에 북채를 들고 친다. 맨 뒷줄에 선 젊은이 복장을 한 사람이 징을 들고 리드하여 다양한 타법을 연출한다. 북소리는 모두가 동시에 같은 소리를 내는 것을 으뜸으로 친다.

공연하는 사람들은 머리에 머리띠를 묶고 하카마袴[1]차림에 나막신을 신는다. 하카마는 일본 본토의 의상이며 오키나와의 전통의상은 아니다. 아마도 류큐 왕국 시대에 사쓰마 번薩摩藩[2]의 무사 복장을 모방하여 메이지 시대明治時代 이후에 착용하게 되었을 것이다.

이전에는 마을에 공헌을 한 유지들이 북 공연에 출연하였다. 따라서 하카마는 신분이 높은 특별한 사람들이 입는 의상이었다. 근래에는 남자 중학생·남자 교원·노인들이 출연하고 있다.

1 전통적인 남성복으로 주름이 잡힌 하의이다.

2 현재 가고시마 현鹿兒島縣 서부에 해당하는 지역이다. 1609년 사쓰마 번의 영주인 시마즈 가문에서 류큐왕국을 침략하여 무력으로 지배하였다.

「북」 예능 공연

마미도

'마미도マミドー'는 '마眞'와 '미도女'라는 말의 조합이다. 그 의미는 '뛰어난 여자', '여자 중의 여자', '일을 잘하는 여자'라는 의미이다. 이 노래는 윤타ユンタ[1]로 혹은 자장가로 이시가키지마石垣島와 고하마지마小浜島, 하테루마지마波照間島 등에서도 널리 불렀다. 그런데 다케토미지마竹富島에서 다나두이의 무용으로 다시 창작되었다.

향토연구가 다마키 겐분玉城憲文의 조사에 의하면 고소코 지쿠둔小底筑登之[2]이 안무를 창작하였으며, 1800년대 이전에 창작된 무용이라고 한다. 고소코 지쿠둔은 마에자토眞榮里 집안의 일 잘하는 여성을 모델로 하여 이 마미도의 안무를 창작했다고 전해진다. 다나두이의 가사 내용은 '파종', '작물의 성장' 등을 노래하고 있다.

다케토미지마에는 다나두이에서 부르는 고소코 지쿠둔의 가사 외에 세이모리 고안生盛康安옹이 작사한 가사도 전해지고 있다. 그 내용을 보면 제목 그대로 '일 잘하는 여성'을 노래하고 있다. 현재 다나두이의 「마미도」에서는 고소코 지쿠둔이 창작한 가사로, 다나두이 이외의 「마미도」에서는 세이모리 고안이 창작한 가사로 노래하고 춤추는 것이 일반적이다.

1 이는 야에야마 제도八重山諸島에 전하는 민요 형식 중의 하나이다. 남녀가 번갈아가며 노래하는 노동요이다. 이 형식의 민요로 유명한 것으로는 '아사토야 윤타安里屋ユンタ'가 있다.

2 고소코지쿠둔의 '지쿠둔筑登之'은 류큐 왕국 시대 사족士族의 위계 및 칭호 중의 하나이다.

이전에는 「마미도」에서 종려棕櫚로 만든 붉은 수염과 붉은 각반脚絆을 두르고 춤을 추었다고 한다. 고소코 지쿠둔의 용모에서 본을 따서 수염을 붙였는지도 모르겠다.

「마미도」를 공연하는 여성들

짓추

'짓추ジッチュ'는 오키나와어로 열 명이라는 의미이다. 지금으로부터 400년 전(혹은 300년 전이라고도 함)에 한 가난한 농민이 살고 있었다. 그 농민에게는 열 명이나 되는 자식이 있었지만 과중한 세금을 내면서도 자식들을 모두 훌륭하게 키워내며 매년 연공年貢을 완납했다. 류큐 국왕이 그의 모범적인 행동을 알고서 표창하였다.

이로 인해 부부와 열 명의 자식들이 국왕을 배알하게 되었는데 가난한 탓에 한쪽 소매밖에 없는 옷을 입고 나갔다. 그렇지만 이들이 국왕을 배알할 수 있었던 것은 더할 나위 없는 기쁨이었으며, 그 기쁨을 표현한 무용이 바로 「짓추ジッチュ」이다. 이런 까닭에 '짓추'는 열 명이라는 의미를 갖고 있으며, 그 무용은 소매 한 쪽을 벗고 춤춘다고 전해진다.

이 전승은 「짓추」 무용의 유래에 관한 이야기이다. 여기에는 인두세人頭稅[1]로 힘들어하던 농민들의 고통, 류큐 국왕의 자비, 그리고 국왕을 받드는 농민들의 마음이 표현되어 있어서 매우 흥미롭다.

1 근대 이전 류큐 왕국에서 15세부터 50세의 남녀를 대상으로 머릿수에 따라서 과세를 하던 세금제도이다. 이 인두세와 관련한 전설이 오키나와 전역에 전해진다. 1903년에 들어서서 폐지되었다.

「짓추」 행렬

이 유래 전승이 생겨나게 된 배경에는 전승 속의 인물에 어울리는 성실하고 정직한 농민이 실제로 존재했을 것으로 생각된다. 그와 동시에 농민들이 관리로부터 칭찬 받는 것을 최대의 기쁨으로 여긴 당시의 풍조를 엿볼 수 있다. 또 이 유래 전승은 본래 다케토미지마 내부에 한정된 이야기로 전승되었지만 어느 사이엔가 확대 해석되어, 류큐 국왕으로부터 포상을 받았다고 하는 이야기로 바뀌었는지도 모른다.

2 오키나와 전통 민요로 가장 대중적인 곡 중의 하나이다.

이 유래에 찬물을 끼얹는 꼴이 되겠지만, '짓추'라는 예능 제목은 '열 명'이라는 의미가 아니라, 무용수의 '시추シチュ! 시추シチュ!'라고 장단 맞추는 소리에서 붙여졌을 것으로 추측된다. 오키나와 방언으로 '추人'라는 말은 '사람'이라는 뜻임은 분명하다. 그러나 사람 수를 셀 때에는 사용하지 않는다. '추'라는 말은 아만추天人, 우야킨추富貴人, 유캇추士族 등 그 사람의 신분이나 특성을 나타내는 경우에 사용한다. 다케토미지마에서 한 명, 두 명, 세 명…… 열 명이라고 셀 경우에는 히투이一人, 후타이二人, 미타이三人…… 둣타이十人라고 말하므로, '짓추'를 '열 명'이라는 뜻으로 해석하는 것은 무리가 있다.

「짓추」 무용을 공연할 때에 사용하는 멜로디는 오키나와 본도의 민요 '도신도唐船どー'2이다.

「짓추」 공연에 사용하는 삿갓

마사카이

‘마사카이眞榮’는 본래 인명이다. 이는 마사카이부시眞榮節 혹은 바이사쿠다 윤타南風作田ユンタ라고도 부른다. 마사카이는 1701년에 오야마大山 집안에서 태어나 19세에 분가하여 고야마小山 집안의 시조가 되었다. 그 후 다케토미지마를 떠나 이리오모테지마西表島 나카마 촌仲間村을 개척하기 위해서 이주했다고 전해진다.

당시는 인두세를 부과하던 시대로 이주나 이사는 개인의 자유가 아니었다. 그렇지만 인구가 지나치게 늘어나면 ‘미치바기道分け’라고 하여 도로를 구획하여 강제로 이주시키는 일이 있었다. 이주하도록 명령을 받은 사람들은 어쩔 수 없이 정든 섬을 떠나게 된다. 황무지를 개간하는 신천지에서의 생활은 너무 힘들고 정신적인 고통도 헤아릴 수 없을 정도였다. 따라서 기꺼이 이주를 희망하는 사람은 거의 없었다. 그런데 마사카이는 스스로 자원하여 이주를 희망했다고 한다. 그 마사카이의 개척정신을 노래한 것이 바로 「마사카이부시眞榮節」이다.

1 조오도리雜踊り에서 대표적인 무용이다. 조오도리는 1879년의 폐번치현廢藩置縣 이후에 사족 출신의 무용가들이 고전무용에 민요나 민간적인 요소를 접목하여 새롭게 창작한 무용이다. 무용수가 목에다 꽃을 실로 연결한 장식물을 걸고 있는데, 이 장식물을 가리켜 '누치바나'라고 한다.

일찍이 마사카이 이외에도 다케토미지마를 떠나 이주한 사람들이 많았다. 그렇지만 마사카이가 역사적인 인물이 될 수 있었던 것은 당시 누구나 꺼려한 이주를 기꺼이 받아들였다는 점에 있을 것이다. 예를 들면「마사카이부시」의 가사 중에도 마사카이가 적극적으로 이주했던 이유에 관해서 언급하고 있다.

류큐 무용「누치바나貫花」[1]에서는「마사카이부시」의 멜로디를「다키둔부시武富節」라고 부른다. 또 다나두이의「하치닌부두이八人踊り」에서도「다키둔부시竹富節」라는 곡명으로 노래한다. 다만 이「마사카이부시」와 류큐 무용, 그리고「다키둔부시武富節」, 그리고「하치닌부두이」의「다키둔부시竹富節」는 모두 가사가 다르다.

「마사카이」 공연

우디보

우디보腕棒는 이전에 하자마 촌의 남자들이 공연하였다. 그러다가 인기가 없자 어느 사이에 공연하지 않게 되었다. 그 후 나카스지 촌 교겐부狂言部를 지도하는 나카자토 조세이仲里長正가 이 우디보를 여성들에게 공연하도록 고안하였다. 그는 하자마 촌 출신이지만 나카스지에 거주 하였다. 나카자토 조세이는 부인인 나카자토 하루仲里ハル와 친구인 고소코 하루小底ハル 두 사람을 하자마 촌의 사범에게 보내 우디보를 양보해 달라고 부탁했다. 다행히 하자마 촌의 사범은 이건 재미없으니 알아서 가져가라고 승낙했다고 한다.

「우디보」를
공연하는 여성들

1 글자 그대로 '빈손'이라는 뜻이다. 무기를 들지 않고 주먹과 발만을 사용하는 무술로 류큐 왕국 시대 오키나와에서 발생한 것으로 알려졌다.

그래서 우디보는 나카스지 촌의 여성들이 공연하는 인기 종목으로 자리를 잡았다. 남성이 아니라 여성에게 우디보를 공연하도록 했다는 점에서, 나카자토 조세이의 예능인으로서의 혜안을 엿볼 수 있는 재미있는 에피소드이다.

우디보는 가라테空手[1]를 도입하여 만든 여성끼리의 대련 연기이다. 남성의 연기라면 동작이 너무 단순하여 어딘지 부족하게 느껴질 것이다. 그런데 여성이 우디보를 공연함으로써 관중들의 폭소와 갈채가 쏟아져 나오는 매력 있는 공연 종목으로 변하였다.

「우디보」 공연에 출연한 여성들

파종을 축복하기

「파종을 축복하기祝い種子取」는 현재 「미치우타道歌」,[1] 「아사토야 윤타安里屋ユンタ」, 「구이차クイチャー」[2]로 구성된다.

이시가키 다케토미 향우회石垣竹富郷友會는 다케토미지마에서 이시가키지마로 이주한 사람들에 의해 1947년에 창립되었다. 그 향우회의 부인부婦人部에서 행하는 봉납 예능이 「파종을 축복하기祝い種子取」이다.

이전에는 「유쿠이노 미치우타世乞いの道歌」, 「무스비노 단고마ムスビのダンゴマ」,[3] 그리고 「구이차クイチャー」로 구성하여 춤을 추었다. 그런데 오야마 마사오大山正夫의 제안으로 다케토미지마의 대표적 민요인 「아사토야 윤타安里屋ユンタ」를 추가하였다. 근년에는 '유쿠이노 미치우타', '아사토야 윤타', '구이차'라는 세 곡으로 구성하여 춤을 추게 되었다.

1 여성 사제인 간쓰카사神司와 마을에서 중요한 직책을 맡은 사람들을 선두로 하여, 머리띠를 두른 사람들이 징과 북을 울리면서 길에서 부르는 노래이다.

2 여러 사람들이 원을 만들어 손발을 흔들면서 함께 춤을 추면서 합창한다. 이 때 악기는 사용하지 않는 것이 일반적이다. 그 어원에 관해서는 여러 가지 해설이 있는데 '구이(목소리)'를 '차(합하다)'라는 뜻으로 풀이된다.

3 현재는 부르지 않고 아사토야 윤타安里屋ユンタ를 대신 부른다.

과소화過疎化가 진행되는 요즘 시대에, 다나두이가 활성화된 요인 중 하나로 섬을 떠난 사람들이 축제기간에 귀향한다는 점을 들 수 있겠다. 이시가키 다케토미 향우회 사람들은 단순히 섬으로 귀향만 할 것이 아니라 향우회 차원에서 조직적으로 예능을 봉납하기로 하였다. 이전에는 배타적인 섬 사회에서 섬을 떠난 사람들이 축제에 참가하는 것은 그저 구경하는 관객으로서의 참가였다. 이들이 축제기간에 모여서 예능을 봉납한다는 것은 실로 상상조차 할 수 없던 일이었다.

그런 와중에도 이시가키 다케토미 향우회는 신속하고도 조직적으로 섬을 떠난 사람들이 예능을 봉납할 수 있는 시스템을 만들어냈다. 섬에 살고 있는 사람들과 섬을 떠난 사람들 사이에 깊은 연대감이 느껴짐과 동시에, 그와 같은 시스템을 고안한 선배 분들의 혜안에 경의를 표하고자 한다.

「파종을 축복하기」 공연

은마누샤

다음 공연은 「은마누샤馬乘者」이다. 류큐 왕국 시대 오키나와에는 '존다라京太郎'[1]라는 예능집단이 존재했다. 그들은 마을을 돌아다니며 예능을 공연하였으며 장례를 집행하는 염불자念佛者이기도 했다.

그 존다라들이 공연하던 「인형극人形芝居」·「염불가念佛歌」·「구도키口說」[2]·「두이사시메鳥刺舞」[3]·「우마메사馬舞者」[4] 등의 예능은 오키나와 예능 속에 대대적으로 수용되었다. 또한 「에이사エイサー」[5]나 「안가마アンガマ」[6]의 염불가, 「우마메사」와 같이 현재도 오키나와의 여러 마을에서 행해지고 있는 예능에는 존다라 계통의 것이 많다.

1 근세 초기에 일본 본토에서 건너온 것으로 알려졌으며, 마을 안을 돌면서 염불가念佛歌를 부른 후에 민요 장단에 맞춰 춤을 추는 유형과 복면이나 가장을 한 사람들이 각 집을 도는 유형으로 나뉜다. 현재도 오키나와 시 등에 일부 예능이 전승되고 있다.

2 정식 이름은 '구도키'는 '구도키우타口說唄', '구도키부시口說節', '구도키모요口說模様' 등으로 부른다. 7·7·7·7 또는 7·5·7·5의 네 구句를 한 단위로 하는 가락을 반복하며 노래한다. 긴 이야기를 풀어가는 형식의 민요이다.

3 앞서 나온 존다라의 예능 중 하나이다. 새 사냥꾼이 끈끈이를 칠한 장대로 새를 찌르는 동작을 흉내 낸 무용이다.

4 오키나와 현에서 주로 오키나와 시沖縄市와 기노자 촌宜野座村에 전하는 민속예능이다.

5 집단으로 추는 전통춤으로 일본 본토에서 오본お盆 명절에 추는 본오도리盆踊り와 유사한 성격을 지니고 있다. 본래

「우마메사」는 기노자 촌宜野座村이나 오키나와 시沖縄市 아와세泡瀬[7]에 전하는 것이 유명하다. 그것은 무용이 아니라 소탈하고 익살스러운 대사를 주고받는 연극용의 무대극이다. 이에 비해 행렬을 지어 길을 행진하는 미치주네道ジュネー[8] 계열의 쥬리마ジュリ馬[9]와 비슷한 것이 다케토미지마의 다나두이에서 행하는 「은마누샤」이다.

언제 누가 어떤 경로로 「은마누샤」를 다케토미지마에 전했는지는 알 수 없다. 이는 다나두이에서 인기 높은 무용으로 머리에 만사지, 다리에 각반과 짚신, 그리고 복부에는 말 모양 장식물을 동여매고 춤을 춘다.

「은마누샤」를 공연하는 마을 젊은이들 1

마을의 젊은이들이 정토종浄土宗 계열의 염불가에 맞춰 춤을 추면서 각 집을 돌던 오본 때의 춤이 그 전신이라고 전해진다.

6 오키나와에서 야에야마 지역에 전하는 의례적인 집단예능이다. 우슈마이ウシュマイ라는 노인 가면과 은미ンミ라는 노파 가면을 쓴 두 사람을 선두로 하여 마을의 집들을 돌며 이야기와 노래, 춤을 춘다. 안가마에는 음력 7월 보름 날 밤에 조령祖霊을 공양하기 위해서 행하는 「소론ソーロン 안가마」, 여성들의 군무인 「시쓰節 안가마」, 가옥의 신축 의례 때 행하는 「야즈쿠리家造り 안가마」 등이 있다.

7 오키나와 시에 소재하는 지명이다. 아와세에는 '아와세 존다라泡瀬の京太郎'가 전승되고 있는데 2005년에 일본의 문화청으로부터 무형민속문화재로 지정을 받았다.

8 조상을 공양할 목적으로 거행하는 예능이나 제례에서 에이사와 함께 하는 행렬이다. 원래 오키나와 예능은 제례와 깊은 관련이 있는데 미치주네의 경우도 이에 해당한다.

9 '쥬리'는 오키나와 말로 '유녀'라는 의미이다. 음력 1월 20일 나하 시에 있는 쓰지 정辻町에서 쥬리마 축제ジュリ馬祭り를 거행한다. 이는 사업이 잘 되고 풍년이 들기를 기원하는 축제이다.

「은마누샤」의 가사 내용을 보면 '구바蒲葵[10]로 만든 삿갓을 머리에 붙인 게의 춤', '오키나와 본도 구니가미國頭[11]의 쥐는 꼬리가 굽었고, 시마지리島尻[12]의 쥐는 얼굴이 굽었다.', '다케토미지마 미샤시美崎에 있는 동쪽 바위와 서쪽 바위에 사는 쥐가 혼인을 했다. 잘 될지 안 될지는 하나 중에 둘이다. (둘 중 하나라고 말해야 할 부분을 반대로 말하여 관중들의 웃음을 자아낸다.)' 등의 표현으로 노래한다.

10 높이가 약 3~10m 정도 되는 야자과의 상록교목이다. 일본의 규슈九州 남부, 오키나와, 그리고 타이완 등지에 분포한다.

11 오키나와 본도에서 동북지역에 위치한 지역이다. 이 지역의 중심도시는 나고 시名護市이다. 본도에 비교적 가까이 위치한 이에 촌伊江村, 이헤야 촌伊平屋村, 이제나 촌伊是名村이 여기에 포함된다.

12 오키나와 본도에서 남서부지역이다. 이 지역의 중심도시는 나하 시이다. 오키나와 본도는 위에서 아래까지 크게 나누어 구니가미, 나카가미中頭, 시마지리로 삼분된다.

「은마누샤」를 공연하는 마을 젊은이들 2

Ⅲ. 하자마 촌의 무대예능

교겐부

하자마 혼자

1 여기서 시마島나 구니國는 구역이나 지역이라는 의미이다.

↘ 등장인물 : 노인 1명

하자마 혼자의 '혼자ホンジャー'란 '훈·이이자フン·イイジャー'를 가리키는 말이다. '훈'은 구역이나 지역을 뜻하는 말이다. '시마야리두島やりどぅ·구니야리두國やりどぅ'처럼, '시마島'의 대어對語로 쓰이는 '구니國'라는 한자를 사용한다.[1] 또 '훈'은 '촌村'의 대의어이기도 하며 촌보다 작은 구역을 의미하는 말로 사용되기도 한다. '혼자'는 하자마 촌과 나카스지 촌仲筋村을 대표하는 예능이므로, 촌村의 대의어라는 의미에서 '조組'라는 한자를 사용하는 것이 타당할 것으로 생각된다.

'이이자'란 '아버지'라는 의미를 지닌다. 따라서 하자마 혼자는 '하자마 촌의 아버지', 나카스지 혼자는 '나카스지 촌의 아버지'라고 해석할 수 있다. 다시 말하자면 혼자는 오키나와 본도에서 「장자의 대주長者の大主」라고 할 때의 '장자長者'와 동일한 의미가 아니다.

일반적으로 '촌의 아버지'라는 말에는 정치적인 실력

자, 마을의 지도자, 지배자라는 이미지가 있지만, 혼쟈의 경우는 그렇지가 않다. 혼쟈는 어디까지나 예능의 총괄자이자 책임자이며, 예능의 신 혹은 그 예능의 신을 모시는 사람을 의미한다.

하자마 촌의 혼쟈는 구니요시國吉 집안의 당주, 나카스지의 혼쟈는 세이모리生盛 집안의 당주가 대대로 그 역할을 맡아 왔다. 두 집안은 각각 집의 도코노마床の間[2]에 혼쟈를 신으로 모시고 있다. 처음으로 다나두이種子取祭의 예능에 출연하는 사람은 혼쟈 신 앞에서 '신입' 의식을 행한다. 또 봉납예능의 연습을 시작하는 갑신일甲申日에 해당 예능의 배역을 정하는 두룻키トゥルッキ[3]에서는 '손 실수, 발 실수, 입 실수 없이 제대로 연기할 수 있도록 해주세요.'라고 혼쟈 신에게 기원을 한다.

다나두이 첫날의 봉납예능은 하자마 촌에서 담당하므로 하자마 촌 구니요시 집안의 당주가 혼쟈로 분장하여 무대에 등장한다. 그는 풍작을 기원한 후, 예능을 공연하기 위한 허가를 해달라고 관리에게 신청하여, 자식과 손자들이 힘차게 예능을 공연하겠다고 선언하며 퇴장한다.

혼쟈의 등장과 퇴장에 즈음하여 하자마 촌은 하자마 촌 다나두이의 음악을 산신三線[4]과 피리와 북으로 연주하며, 나카스지 촌은 나카스지 촌 다나두이의 음악을 역시 산신과 피리와 북으로 연주한다.

「하자마 혼쟈」의 한 장면

2 일본의 전통가옥에서 방한 구석을 약간 높게 만들어 화병을 놓아두고 벽에 족자를 걸어 장식하는 공간이다. 이 도코노마 바로 앞이 상석으로 대개 손님을 도코노마의 앞쪽에 앉도록 한다.

3 섬에서 중요한 직책을 맡은 사람이나 장로들이 미륵봉안전에 모여서 다나두이에 관해서 논의하는 의식이었으나, 현재는 봉납예능을 공연하는 사람들과 유지들이 모여서 다나두이를 위한 서약을 하고 예능의 배역을 정한다.

4 오키나와의 전통악기로 줄이 세 줄이라서 이렇게 부른다. 이 악기는 14세기 말에 중국에서 전래되었다고 한다.

미루쿠

1 오키나와 사람들의 생사관 및 세계관을 이해하기 위해서 중요한 관념이다. '기라이카나이儀來河內'라고도 부르는데 신들이 거처하는 신들의 세계이자 사람이 죽으면 간다는 사후세계이기도 하다.

↘ 등장인물

미루쿠 신 / 시자先輩 4명 / 종자從者 여러 명 / 아이 여러 명

미루쿠ミルク는 미륵신이라는 의미이다. 오키나와의 미륵신앙에서 미륵신은 니라이카나이ニライカナイ[1] 신앙과 습합하여 바다 저편의 낙토에서 유世(풍작·부)를 가져오는 오곡풍요의 신으로 여긴다. 야에야마八重山에 전승된 미륵신은 베트남에서 전래했다는 전승이 있다.

다케토미지마竹富島의 미륵신은 나카미치仲道 집안의 조상이 미루쿠 가면을 해안에서 주워서 배례하기 시작하다가 후에 요나쿠니與那國 집안에 양보했다고 한다. 현재도 다나두이에서 가면을 쓰고 미루쿠로 등장할 수 있는 것은 요나쿠니 집안의 당주이다. 또 다케토미지마의 유력자였던 오야마大山 집안도 미륵신과 관련이 깊다.

다케토미지마의 미루쿠는 요나쿠니 집안과 오야마 집안을 중심으로 하자마 촌 사람들에게 신앙되다가 나중에는 다케토미지마 사람들 모두가 신앙하게 되었다.

다나두이에서 미륵신은 「미루쿠부시彌勒節」라는 노래에 응하여 시자シーザ와 수많은 종자, 그리고 아이들을 거느리고 함께 등장한다. 미륵신에게 바칠 공물을 든 종자와 시자는 미륵신의 주위를 맴돈다. 그 후 시자 네 명으로 구성된 「시자 무용シーザ踊り」을 봉납하며, 「미루쿠부시」에 이어서 부르는 「야라요부시ヤーラヨー節」 노래에 맞춰 퇴장한다.

이 일련의 동작들은 모두 피리와 북의 반주에 따른 남성들의 합창으로 진행되며 산신三線은 사용하지 않는다. 예능이라기보다는 엄숙하고 의례적인 것이다.

다케토미지마의 「미루쿠부시」와 「야라요부시」는 이시가키지마石垣島와는 가사와 창법이 약간 다르다. 기샤바 에이준喜舍場永珣[2]이 저술한 『야에야마 민요지八重山民謠誌』에 의하면 이 '미루쿠부시'는 1790년대에 야에야마 사족士族인 오하마 요린大浜用倫[3]이 창작했다고 한다.

2 (1885~1972) 오키나와의 향토사가이자 민속학자이다. 오키나와현사범학교를 졸업하고 소학교 교사로 근무하였다. 야에야마 제도의 역사, 민속, 가요 등의 연구에 전념했다. 저작으로 『야에야마 고요八重山古謠』 및 『야에야마 민속지八重山民俗誌』 등이 있다.

3 관리의 이름이다. 1791년 그가 공무로 구로시마黑島에서 슈리首里로 향하던 중에 폭풍우를 만나 지금의 베트남에 표착하였다. 현지에서 제례에 모시고 있던 미로쿠신에 감동을 받고 가면과 의상을 가지고 돌아온 데서 시작되었다고 한다.

「미루쿠」의 미루쿠신과 아이들

가자구

↘ 등장인물

대장간 주인 / 풀무장이 / 망치장이 갑 / 망치장이 을

가자구カザグ는 대장장이라는 의미이다. 철기로 만든 농기구는 석기나 목기보다 생산력이 뛰어나다. 그러나 오키나와에는 철기의 원재료인 철광석이나 사철은 물론이고 그 제작기술이 없었기 때문에 오키나와의 역사가 일본 본토보다 10세기 이상 뒤쳐졌다고 한다.

류큐琉球 왕국 시대에는 머나먼 일본 본토에서 철을 수입하여 농기구를 제작하였다.「가자구 교겐鍛冶工狂言」은 그 역사적 정황을 생생하게 묘사하고 있다.

그 내용은 다음과 같다.

대장간 주인이 등장하여 풀무쟁이·망치쟁이 갑과 망치쟁이 을을 불러내어 일을 하러 나선다. 대장간 주인은 대장일을 시작할 때에 가잔구치飾り口라고 부르는 '대장간의 축문'을 읊는다.

축문에서는 풀무·아궁이·망치·가위·모루·목탄 등의 대장간 도구를 열거하며 이를 신으로서 맞이한다. 그리고 마지막에 대장간의 대신大神을 맞이하여 대장간이 잘될 수 있게 해달라고 기원한다.

「가자구」의 한 장면

이어서 대장간에서 일하는 모습을 연출한다. 그 중에서 재미있는 것은 "우묵하게 들어가 있다, 좀 두들겨 보아라.", "앗, 튀어나오고 말았다." 등의 대사이다. 실제로는 농기구가 튀어나온 부분을 두들겨서 평평해지게 편 것이지만, 우묵하게 들어간 것을 두들겨서 튀어나오게 했다고 반대로 말하여 관중들의 웃음을 유도한다.

이윽고 농기구 제작이 끝나면 일행은 철기의 전래와 풍년가를 부르면서 여자들이 기다리는 집으로 퇴장한다. 이들 여자들은 오나리가미オナリ神 라고 해서, 남자들의 수호령으로서의 의미를 지닌다.

훈가샤

↘ 등장인물

훈가샤 / 조력자 / 젊은이 갑 / 젊은이 을 / 젊은이 병 / 젊은이 정

류큐 왕국 시대에는 마을 안에 '훈組'이라고 부르는 작은 조직이 존재했다. '훈'이 어떤 조직이었는지 그 실태를 분명히 알 수는 없지만 일본 본토의 에도 시대江戸時代에 존재했던 고닌구미五人組[1] 같은 조직이었을 것으로 생각된다.

이 교겐에서 1번 훈 훈가샤一番組組頭라고 부르고 있는 것으로 추측해보면 마을을 1번 훈組·2번 훈·3번 훈 하는 방식으로 나누어, 그 책임자를 '훈가샤'라고 불렀던 듯하다.

이 교겐에 훈가샤가 등장하여 "이전에 대장간 일을 하여 농기구를 갖췄으니 오늘은 황무지의 억새풀을 제거하여 개간하자."라고 말한다. 그 후 훈가샤는 조력자와 젊은이들을 불러내어 노래하고 춤추면서 일을 마치고 퇴장한다.

1 일본 에도 시대에 존재했던 주민들의 자치 조직이다. 대부분의 농민은 5, 6호戸를 단위로 하여 이를 조직하고 조직의 대표인 구미가시라組頭의 명에 따라서 각 구미組별로 세금 납부 및 범죄 발생에 대한 책임을 지도록 하였다.

「훈가샤」에서 재미있는 점은 작업을 끝낸 후에 다른 사람보다 자기 쪽이 일을 더 잘 했다고 저마다 자랑하는 대목이다. 연기자가 대사를 통해 어느 만큼 개성을 드러낼 수 있는가를 주목한다.

하자마 촌이 다나두이에서 봉납하는 교겐에는 일관성이 있다. 대장간에서 농기구를 갖추고(대장간), 황무지 개간(훈가샤), 파종(유무치), 수확(유히키)이라는 순서로 일 년 동안의 이상적인 농작업 과정을 연출한다.

「훈가샤」의 한 장면

유무치

등장인물

유무치 / 젊은이 갑 / 젊은이 을 / 젊은이 병 / 젊은이 정

파종 교겐種子蒔狂言에는 하자마 촌과 나카스지 촌의 것이 있다. 이들 교겐은 파종에 앞서 읊는 축문飾り口에 양자의 차이가 있기는 하지만 내용은 거의 동일하다.

동일한 내용의 교겐을 하자마 촌과 나카스지 촌이 반복하여 봉납한다는 것은 그만큼 중요한 교겐으로 간주하고 있었음을 의미한다. 동시에 이전에는 하자마 촌과 나카스지 촌에서 다나두이를 별도로 행하고 있었다는 사실을 암시한다.

이 「유무치」는 처음에 하자마 촌의 책임자(유무치)가 등장하여 "밭을 갈았더니 고마운 비가 내리니 먼저 내 밭에 씨앗을 뿌리고 이어서 모두의 밭에 씨앗을 뿌려야지"라며 마을의 젊은이들을 불러낸다.

밭에 도착하면 파종할 때의 축문을 읊고 이것이 끝나면 노래를 하며 씨앗을 뿌린다. 그리고 파종을 끝낸 일행은 여자들(오나리 신)이 기다리는 집을 향하여 노래하고 춤추면서 퇴장한다.

「유무치」 공연

유히키

↘ 등장인물

오야마 우후누시大山大主 / 젊은이 갑 / 젊은이 을 / 손자 2명

유히키世曳き는 오키나와 본도에서 전래한 예능으로 오키나와 본도에 위치한 슈리首里[1]지역의 말로 공연한다. 그러나 다케토미지마의 부농이었던 오야마大山 집안의 당주堂主를 교겐에 등장시킴으로써 다케토미지마 예능으로서의 특색을 드러내고 있다.

다케토미지마의 부농이었던 오야마 집안의 당주에게는 대대로 류큐 왕이 위계位階를 수여하였다. 역사서『구양球陽』[2]에 의하면 1821년에 95세의 오야마 지쿠둔페친大山筑登之親雲上[3]에게 세도자시키勢頭座敷[4]의 위계를 수여하였고, 1826년에는 그 후계자에게 지쿠둔자시키筑登之座敷[5]의 위계를 수여하였다. 또 1859년에는 오야마 니야大山仁屋에게 지쿠둔자시키의 위계를 수여하였다.

다케토미지마에서의 오야마 집안이 차지하는 위상을 고려한다면 이 기록 외에도 오야마 집안의 당주에게는 대대로 지쿠둔筑登之이나 페친親雲上의 위계가 수여되었을 것으로 추측된다.

이 교겐의 주인공으로 등장하는 인물은 대대로 이어지는 오야마 집안의 당주 중에서 누구인지 명확하지 않다. 그렇지만 교겐의 마지막에서 "명예로운 우잣슈御座敷

1 오키나와 현청이 소재한 나하 시那覇市의 북동부 지역으로 류큐 왕국 시대에는 도읍으로 번성하였다.

2 한문으로 기록된 류큐 왕국의 정사正史이다. 정병철鄭秉哲을 비롯한 4인의 공저로 1745년에 완성되었다. 본문 22권, 부권付巻 4권, 그리고 외권外巻에 해당하는『유로설전遺老說傳』이라는 설화집으로 구성되었다.『유로설전』(2010, 전남대학교출판부)은 김용의의 번역으로 국내에 소개되기도 하였다.

3 페친은 류큐 왕국의 위계位階 및 칭호이다. 위계는 종7품으로 영지를 갖지 않는 하급사족에 속한다. 지쿠둔페친은 오직 지쿠둔 가계에 속하는 사람들만이 승진해서 오를 수 있었다. 머리에 황관黃冠을 쓰고 은비녀를 꽂았다.

4 류큐 왕국의 위계 및 칭호로 정7품이다.

5 류큐 왕국의 위계 및 칭호로 종9품이다. 지쿠둔 가계 출신의 사족 중에서 장남은 25세 그

위계까지 수여받아 더할 나위 없는 영광이다."라고 말하고 있는 점을 고려한다면, 아마도 1821년에 세도자시키의 위계를 수여 받은 당주일 것이다.

리고 차남 이하는 28세가 되면 이에 임명되었다.

요컨대 이 교겐은 우잣슈의 위계를 수여받은 오야마 집안의 당주가 풍작을 기뻐하며 자식과 손자들을 이끌고 다케토미지마의 최고위 관리와 신에게 보고한다는 내용이다. 젊은이들이 풍작의 기쁨을 춤으로 포현한다. 파종 행사인 다나두이에서 농작업에 앞서 풍작을 기뻐하는 것은 예축豫祝을 주제로 하는 예능의 전형적인 형식이다.

「유히키」의 한 장면

구미오도리 후시야마티치우치

1 '안지'라고도 한다. 류큐 왕국에 존재했던 칭호 및 위계 중의 하나이다. 왕족 중에서 왕자 다음 다음의 위치이다. 본래 특정한 지역의 정치적 지배자라는 의미로 사용되었다.

2 오키나와 본도의 모토부정本部町 얀자토山里라는 지역에 위치한 산 이름이다.

등장인물

두무이 우후누시富盛大主 / 젊은 아지按司 / 덴간天願 아지
헤이안자 우후누시平安座大主 사냥꾼 / 이시카와石川
신하 갑 / 신하 을 / 신하 병

다나바루棚原 지방의 아지按司[1]는 명망 있는 군주였지만 야심가인 덴간天願 아지에게 살해당했다. 다나바루 아지의 신하인 두무이 우후누시富盛大主는 주군의 부인과 아이(젊은 아지)를 데리고 도망쳐서 사람들 눈에 띄지 않도록 모습을 바꾸고 모토부 산本部山[2]에 숨어있었다.

두무이 우후누시가 숨어있는 모토부 산으로 주군의 장남인 젊은 아지가 찾아온다. 젊은 아지는 두무이 우후누시로부터 원수에 대한 복수를 눈앞에 두고 있다는 말을 듣고, 자신도 복수를 위해 밤낮으로 열심히 무예를 익혀왔다고 밝힌다. 젊은 아지와 두무이 우후누시 두 사람은 서로 무예를 주고받는다. 그리고 젊은 아지는 두무이 우후누시에게서 복수 계획을 듣기 위해 두무이 우후누시가 숨어있는 곳으로 간다.

한편 덴간 아지는 가장 경계하고 있던 두무이 우후누시가 복수를 단념하고 할복했다는 소문을 듣고 크게 기뻐하며, 사냥을 하기 위해 신하들을 데리고 모토부 산으

「후시야마티치우치」

로 출발한다. 덴간 아지는 모토부 산에서 길 안내인으로 고용한 사냥꾼으로부터 "복수를 벼르는 오니鬼[3] 같은 사내가 숨어 있다."라는 뜻밖의 정보를 얻는다.

덴간 아지는 그 오니 같은 사내야말로 죽었다던 두무이 우후누시임에 틀림없다고 생각했다. 그리하여 사냥꾼의 안내로 두무이 우후누시가 숨어있는 장소를 서둘러 습격하기로 한다. 그러나 두무이 우후누시와 함께 그곳에 있던 젊은 아지에 의해 덴간 아지와 그의 신하들은 모두 죽임을 당한다.

오키나와연극의 야에야마제도八重山諸島 공연은 메이지明治 27년(1894)에 이시가키지마石垣島 오가와 촌大川村 모리다 소쇼森田孫詳[4]의 집을 빌려서 행했다고 한다. 그 때의 공연 종목에 「후시야마티치우치」가 포함되어 있다. 이것이 야에야마에서의 「후시야마티치우치」의 첫 공연일 것으로 추정된다. 다케토미지마에 「후시야마

3 흔히 한국의 도깨비에 비유되는 요괴이다. 설화 및 민속신앙에 자주 등장한다.

4 이시가키지마石垣島 출신으로 1914년에 요나구니 촌與那國村의 초대 촌장으로 취임하였다.

5 행정구역은 야에야마 제도의 다케토미 정町에 속한다. 이시가키지마에서 17킬로미터 정도 떨어진 곳에 위치한다. 2005년 이후 마을을 제외한 대부분의 토지가 목초지로 개간되었다.

티치우치」가 전해진 것은 그 후의 일일 것이다. 이를 가르친 인물은 나카스지 촌에 「충신부자父子忠臣」를 가르쳤던 오키나와연극의 배우 야부 겐켄屋部憲賢이라고 전해지고 있다. 그는 '야부屋部 대인'이라 불렸으며 다케토미지마에서 교겐·무용 등과 같은 많은 예능을 가르쳤다.

「후시야마티치우치」는 이웃한 섬인 구로시마黑島5에서도 공연되고 오키나와 각지의 마을무용으로도 자주 공연하는 인기 종목이다.

참고로 다케토미지마의 「후시야마티치우치」에서는 전편을 모두 공연하는 것이 아니라 대사가 극단적으로 긴 장면은 생략한다.

「후시야마티치우치」의 한 장면

현대희극 가이진나

↘ 등장인물

가게주인 / 아내 / 미키치三吉 / 넝마주이
고리대금업자 / 신혼부부

이 극은 1945년 패전 전부터 다나두이에서 공연하였었다. 전전戰前에는 우치나구치ウチナーグチ라고 부르는 오키나와 방언으로 연출하였으며, 전후 어느 때인가는 전국 공통어(야마토구치ヤマトグチ)로 공연하였다. 헤이세이平成 원년인 1989년부터 다시 오키나와 방언으로 공연되었다가 현재에 이르고 있다. 「고리대금업자高利貸」라는 제목으로 공연하던 때도 있었지만 현재는 「가이진나」라는 제목으로 공연한다.

가이진나는 다케토미지마에서 좁쌀 등의 씨앗을 담는 바구니로 사용되었다. 쇼와昭和 40년대 무렵부터 민예품으로 판매하게 되었다.

「가이진나」에 사용하는 소품

연극의 스토리는 '우단나사마御旦那様'라고 부르는 관광토산품점의 주인이 아내 몰래 번 돈을 가게 점포에 놓아둔 판매용 가이진나에 감추는 장면에서 시작한다.

가게주인은 가이진나가 잘 팔리지 않는 상품이므로 돈을 잃어버릴 염려는 없을 것이라 여겨서 안심하고 그 안에 돈을 숨긴 것이었다. 그런데 고리대금업자가 가게주인이 가이진나 안에 돈을 감추는 것을 엿보고서 가게주인이 외출한 후에 그 가이진나를 사들이고자 했다.

그 사실을 모르는 점원 미키치는 고리대금업자보다 먼저 신혼부부에게 돈이 들어있는 가이진나를 팔아버렸다. 그 후 가게를 찾아온 고리대금업자는 본인이 원하는 가이진나를 찾고자 가게 안의 가이진나를 계속해서 샀지만 돈은 들어있지 않았다.

고리대금업자는 점원 미키치에게 "신혼부부가 조금 전에 가이진나를 사갔다."라는 말을 듣고서 허둥지둥 신혼부부를 쫓아갔다. 그런데 신혼부부는 가이진나에 들어있던 종이꾸러미로 포장한 돈을 가게 앞 쓰레기통에 버렸다. 가게주인의 아내가 쓰레기통에서 거금을 발견하고서는 몰래 감추었다. 고리대금업자는 그런 줄도 모르고 쓰레기통 안을 뒤졌으나, 넝마장수가 이미 쓰레기를 걷어간 후였다. 고리대금업자가 이번에는 넝마장수를 쫓아갔다.

한편 가게 주인이 외출에서 돌아와 가이진나가 전부 팔려버린 것을 알고서 점원을 꾸짖고 돈을 찾으려 넝마주이를 좇아갔다.

그 후의 줄거리는 생략하기로 한다.

금전욕에 사로잡힌 인간사회와 배금주의를 통렬하게 풍자한 희극이다. 참고로 오키나와연극 중에는 장화에 거금을 감추는 희극이 있다는데 다케토미지마의 「가이진나」는 그 희극을 참고했을 것이다.

현대희극 「가이진나」의 한 장면

페쿠 만유기

1 '마기리間切'라고 부르던 행정 단위에 속하는 관리 중 하나이다. 마기리의 장長의 행정사무를 보조하였다.

2 당직을 맡아서 근무하던 관리를 의미한다.

↘ 등장인물

페쿠ペーク / 자이반在番 / 손토村頭 / 지쿠筑 / 간치カンチ / 나베마ナベマ
아라구스쿠新城 / 선장·안마アンマ

페쿠 만유기ペーク漫遊記는 전전戰前부터 다케토미지마의 다나두이에서 공연하던 가극이다. 당시는 「다이묘야의 간치大名屋のカンチ」라고 불렀다. 쇼와 54년(1979) 아라이 기요시新井潔와 아라모이 다케오新盛武雄에 의해 다나두이에서 부활 상연되었다.

그 줄거리는 다음과 같다.

올해 마을의 농사는 예년에 없는 큰 풍년이다. 마을의 손토村頭[1]는 자이반在番[2]을 초대하여 축하잔치를 연다. 축하 잔치에서는 마을의 젊은 처녀 다이묘야의 간치와 시판야後浜屋의 나베마ナベマ가 춤을 추어 대접했다. 이때 자이반이 다이묘야의 간치를 마음에 들어 했다. 그런데 간치는 이미 아라구스쿠新城라는 젊은이와 혼약이 되어 있어서 자이반의 요구를 거절한다. 그러나 자이반은 이를 용납하지 않는다. 그 후 자이반은 아라구스쿠와 간치의 밀회 장면을 보고서는 약혼자 아라구스쿠에게 유배를 명한다. 그 배가 떠날 때에, 슈리 왕부首里王府에서 온 관리 페쿠ぺーク가 우연히 이 슬픈 이별을 목격한다. 페쿠는 모든 사정을 듣고서 아라구스쿠를 배에 태우려는 선장을 나무라고는 자이반의 악행을 응징한다.

자이반은 처음에 페쿠를 알아보지 못하고 욕지거리를 퍼부었지만 페쿠를 알아보고서는 머리숙여 용서를 빌며 자신의 악행을 사죄한다.

이 가극은 구도키口說를 중심으로 하며, 오키나와 가극의 흐름을 이어받았다. 아마도 다케토미지마나 이시가키지마에 온 오키나와연극을 하는 배우에게서 배웠을 것이다.

「페쿠 만유기」 장면

마을의 노래 겨루기

↘ 등장인물

자이반 / 다케토미의 관리 / 사이에다崎枝의 관리 / 지쿠
만다루マンダル / 부나리ブナリ / 신자토 페쿠新里ペーク / 마에모리
야마타前盛屋眞多

이 교겐은 전전戰前 부터 다나두이에서「이시모치 교겐石持狂言」이라는 제목으로 공연되었던 희극이다. 쇼와 56년(1981)에 아라이 기요시가 각본을 정리하여 같은 해 다나두이에서 아라이 기요시, 아라모이 다케오, 아이자토 사토루東里悟를 중심으로 부활 상연되었다. 이 교겐은 슈리, 이시가키지마, 다케토미지마의 방언으로 연기하는 것이 특징이다.

그 스토리는 다음과 같다.

자이반이 다케토미지마와 이시가키지마의 사키에다 촌崎枝村 관리를 불러들여서 각 마을의 자랑이야기를 듣는다. 다케토미지마의 관리가 "다케토미지마에는 '시키타본しきた盆'이라는 뛰어난 노래가 있다."라고 말한다. 그러자 사키에다崎枝의 관리는 "사키에다에는 '사키에다부시崎枝節'라고 해서 다케토미지마의 '시키타본'보다 훨씬 재미있는 노래가 있다."라며 대응하며 서로 양보하지 않는다.

그러자 자이반은 다케토미지마와 사키에다 촌에 노래 대항을 하도록 한다. 다케토미지마의 관리는 마을의 가희歌姬인 만다루マンダル에게 상황을 설명하고 노래 대항에서 반드시 이기도록 명한다. 한편 사키에다의 관리도 사키에다의 가희인 부나리ブナリ에게 똑같은 명을 내린다. 노래 대항의 결과 다케토미지마가 승리하였다.

노래 대항에서 진 사키에다의 관리는 "남자로서 이대로 물러날 수는 없다. 힘겨루기를 하게 해 주시오. 힘겨루기에서 진 쪽은 이긴 쪽의 연공을 삼 년간 내주기로 하지요."라고 요청한다. 다케토미지마의 관리는 힘겨루기 내기를 받아들여 힘이 센 신자토 페쿠新里ペーク에게 이기도록 명했다. 사키에다의 관리는 마에모리 야마타前盛屋眞多를 내보냈다. 그리하여 신자토 페쿠와 마에모리 야마타 두 사람이서 커다란 바위를 들어 올리는 힘겨루기를 한다.

이 교겐에서 재미있는 대목은 사키에다의 마에모리 야마타가 과장되게 자랑이야기를 늘어놓는 부분이다. 또 마에모리 야마타는 바위에 깔려 죽을 뻔 했다가 겨우 살아났으면서도 아직 지지 않았다고 팔씨름까지 도전하지만 그것도 지고 만다.

결국 패배한 사키에다 촌은 삼 년 동안 연공을 바쳐야 했지만, 자이반의 배려로 바치지 않고 끝났다.

소가 형제의 야습

1 일본의 문학 장르 중의 하나이다. 이는 대개 영웅적이었으나 성공하지 못한 영웅들의 위업을 낭만적으로 이야기한다. 대표작으로 『호겐 모노가타리保元物語』, 『헤이지 모노가타리平治物語』, 『헤이케 모노가타리平家物語』 등이 있다.

2 (? ~1193) 헤이안 시대 말기부터 가마쿠라 시대 초기 사이의 무장이다. 사냥 대회에서 이전에 자신이 암살한 가와즈 스케야스의 아들들인 소가 형제에게 죽임을 당한다.

3 (1146? ~1176) 헤이안 시대 말기의 무장이다. 이토 스케치카伊東祐親의 아들이자 소가 형제의 부친이다. 이즈에서 구도 스케쓰네의 부하에게 살해를 당했다.

4 오소데大袖에 받쳐 입는 것이 둥근 통소매로 된 평상복이다. 근세 이후에 서민들이 입던 고소데가 발전하여 현재의 기모노着物가 탄생하였다고 한다. 오소데大袖는 고소데 위에 걸치던 소매가 넓은 옷이다.

등장인물

형 주로 스케나리十郎祐成 / 동생 고로 도키무네五郎時宗

교쿠局虎御前 / 구도 스케쓰네工藤祐經

『소가 모노가타리曾我物語』는 일본의 역사에서 가마쿠라 시대鎌倉時代 초기를 배경으로 하는 복수에 관한 이야기이다.

1300년 전후에 성립한 준準 '군기 모노가타리軍記物語'[1]이다. 그 내용은 구도 스케쓰네工藤祐經[2]와 가와즈 사부로 스케야스河津三郎祐泰[3]의 싸움, 아버지 가와즈 스케야스를 여읜 고아 소가 주로 스케나리曾我十郎祐成와 동생 호조 고로 도키무네北条五郎時宗의 복수, 모친에게 의절당한 동생 도키무네와 형 스케나리 사이의 고소데小袖[4]와 관련된 형제애, 미나모토노 요리토모源頼朝[5]를 감동시킨 동생 고로 도키무네의 변설弁舌 등 다양한 이야기가 담겨 있다.

『소가 모노가타리』가 성립한 요인은 복수를 하기위해 살아가는 소가 형제의 생애를 이야기함으로써, 그 원령怨靈을 진정시키기 위함이었다고 생각된다.

이『소가 모노가타리』를 전거로 하여 요쿄쿠謠曲[6]·고와카마이쿄쿠幸若舞曲[7]·조루리浄瑠璃[8]·가부키歌舞伎 등 수많은 연극이 탄생하였다. 다케토미지마에서 공연하는「소가 야습」은 고와카마이쿄쿠인「야습 소가夜討曾我」[9]와 관련성이 깊어 보인다. 그러나 다케토미지마의「소가 야습」은 고와카마이쿄쿠「야습 소가」를 직접적인 전거로 한 것이 아니라 이전의 무성영화를 참고했을 것이다.

다케토미지마에서 공연하는「소가 야습」의 줄거리는 대략 다음과 같다.

어린 형제가 유히가하마由比ヶ浜[10]라는 해변에서 살해당할 위기에 처했을 때, 하타케야마 시게타다畠山重忠[11]가 구해준다. 형제는 아버지 가와즈 사부로 스케야쓰의 원수를 갚는 것이 하타케야마 시게타다에 대한 보답이라고 생각하고, 구도 사에몬노조 스케쓰네工藤左衛門尉祐經[12]의 진야陣屋(임시 거처)로 서둘러 간다. 도중에 동생 고로 도키무네와 친한 쿄쿠局(도라고젠)[13]가 맞이하여 구도 스케쓰네가 자고 있는 임시 거처로 안내한다. 형제는 자고 있는 구도 스케쓰네를 두들겨 깨워서 복수를 한다.

동생 고로 도키무네는 복수를 한 후에 "미나모토노 요리토모 공을 만나러 가겠다."라고 말한다. 이에 형제는 물병으로 이별의 잔을 주고받는다. 형제는 각각 형 주로가 아버지인 스케야스를 닮은 점, 동생 고로가 어머니 오만おまん과 닮은 점을 서로 칭송하며 퇴장한다.

5 (1147~1199) 가마쿠라 막부를 창시한 초대 쇼군將軍이다. 1192년에 세이이다이쇼군征夷大将軍이라는 직위에 올랐다.

6 일본의 전통예능 중의 하나인 노能의 사장詞章으로 연극으로 하자면 각본과 같은 것이다.

7 이야기를 곁들이는 구세마이曲舞의 일종이다. 구세마이는 중세에 시작된 일본의 무용 예능 중의 하나로 고와카마이幸若舞의 모체가 되었다.

8 전통악기인 샤미센三味線 반주에 맞춰서 이야기를 구연하는 예능 장르이다.

9 가와타케 모쿠아미河竹黙阿弥의 작품인 가부키·교겐「야습 소가 사냥터의 새벽夜討曾我狩場曙のあけぼの」의 통칭이다. 1881년에 초연되었다. 소가 주로·고로 형제가 시종인 귀왕鬼王·단자부로團三郎에게 유품을 들려 모친이 있는 곳으로 보낸 후 후지산富士山 기슭에서 부친의 원수를 갚는다는 내용이다.

10 현재의 가나가와 현神奈川縣 가마쿠라 시鎌倉市 남부의 사가미 만相模灣에 위치한 해변이다.

11 (1164~1205) 가마쿠라 시대 초기의 무장이다. 적대관계에 있던 미나모토노 요리토

모가 거병했을 때에 그 휘하에 들어가 공을 세워 막부의 공신이 되었다. 그러나 요리토모의 사후에 실권을 잡은 호조 도키마사北条時政의 모략으로 인해 누명을 쓰고 아들과 함께 죽었다. 이후에 그 자손들은 성씨를 바꾸었다.

12 일본의 율령제에서 관직 중 하나이다. 사에몬 부左衛門府의 판관判官으로 위계는 6위에 해당한다.

13 (1175~?) 가마쿠라 시대 초기의 유녀로 소가 스케나리曾我祐成의 첩이다. 소가 형제의 복수에 관한 작품인 『소가 모노가타리』에서 중요한 역할을 맡고 있다.

「소가 형제의 야습」 장면

무용부

시키타본

「시키타본しきた盆」에서는 다케토미지마를 '이시가키지마 앞에 놓인 쟁반 같은 섬'이라고 노래한다. 이어서 '야에야마八重山를 통치했던 니시토西塘[1], 마란선マーラン船[2]의 탄생'을 노래한다. 마지막에 '일치단결하는 마음うつぐみの心'을 노래한다. 즉 이 노래는 1번부터 4번까지 섬의 정경, 5번부터 8번까지 가이지カイジ에서의 니시토의 통치, 9번·10번은 부사시ブサシ에서의 마란선의 탄생, 그리고 11번은 '일치단결하는 마음'을 노래하는 내용으로 구성되어 있다. 이 노래는 서경가敍景歌, 역사적 노래史歌, 교훈가라는 3부 구성으로 독특하다.

이와 같이 독특한 가사로 구성 된 이유는 처음에 만들어진 것이 1번부터 4번까지의 서경가이며 니시토가 그 노래를 만들었다고 전해졌기 때문에 시대가 흐른 후 니시토를 염두에 두어 그의 업적을 칭송하여 마란선의 탄생을 노래하는 5번부터 10번까지 가사가 만들어졌을 것이다.

마지막 11번 가사는 메이지明治시대 이후에 만들어졌

1 다케토미지마 출신의 역사적 인물이다. 니시토는 석공 기술이 뛰어나서 1519년에 슈리성에 있는 소노히얀 우타키園比屋武御嶽의 석문을 건축하였다. 사후에 다케토미지마에 니시토 우타키西塘御嶽가 만들어져 그 공적을 기리며 신앙하였다.

2 오키나와의 전통적인 목조 범선이다. 오키나와에서는 일반적으로 얀바루선山原船이라고도 부른다. '얀바루'는 오키나와 북부의 산간지역을 가리키는 지명이다.

3 (1886~?) 다케토미지마 출신의 교육자이다. 다케토미 촌의 초대 민선 촌장을 역임하였다.

을 가능성이 높다. 왜냐하면 1번부터 10번까지의 가사를 보면 1번·3번·5번·7번의 홀수 번호로 된 가사는 주부主部이며, 2번·4번·6번·8번·10번의 짝수 번호로 된 가사는 술부述部여서 1번과 2번, 3번과 4번, 5번과 6번, 7번과 8번, 9번과 10번이 각각 주·술 관계로 구성되었기 때문이다. 그러나 11번의 가사만은 그와 같은 구성이 아니다. 즉 11번 가사는 시키타본의 전통적인 노래 방식을 무시하고 새로운 감각으로 만들어졌을 것으로 생각된다. 실제로 11번의 가사는 다케토미 촌의 촌장을 역임했던 우에마 고키上間廣起[3]의 작품이라고 한다.

무용곡으로서의 「시키타본」은 「시키타본후시」, 「우후다이부시」, 「마헤라치부시」의 세 곡으로 구성되지만, 옛 노래로서의 「시키타본」은 처음부터 마지막까지 시키타본후시의 멜로디로 노래한다.

이는 아마도 무용곡으로 만들 때에 '우후다이부시'와 '마헤라치부시'를 도입한 결과일 것이다. 또 옛 노래는 현재 불리고 있는 '시키타본후시'와 노래하는 방식이 약간 다르다. 이 노래는 나카스지 촌의 '파종 교겐'에서 퇴장 때에 부른다.

「시키타본」의 여성 출연자

아사토야부시

'아사토야安里屋'라는 이름을 붙이는 노래는 네 종류가 있다. 예로부터 다케토미지마에서 부르던 「아사토야 윤타安里屋ユンタ」,[1] 호시 가쓰星克[2]가 작사하고 미야라 조호宮良長包[3]가 작곡한 「신 아사토야 윤타新安里屋ユンタ」, 다케토미지마에서 후시우타節歌[4]로서 노래하는 「아사토야부시安里屋節」[5], 이시가키지마 등에서 부르는 후시우타인 「아사토야부시」이다.

아사토야 구야마의 생가에 세워진 비석

1 다케토미지마에 옛날부터 전하는 노래이다. 이 노래에 전통악기 산신三線으로 가락을 붙인 것이 바로 '아사토야부시'이다. 본문에서 설명하고 있는 것처럼, 호시 가쓰星克가 작사하고 미야라 조호宮良長包가 작곡한 것을 '신 아사토야 윤타'라고 부른다.

2 (1905~1977) 이시가키 시石垣市 출신의 교육자이다. 오키나와 민요 '아사토야 윤타'를 바탕으로 하여 '신 아사토야 윤타'를 작사하였다.

3 (1883~1939) 이시가키 시石垣市 출신의 작곡가이자 교육자이다. '신 아사토야 윤타'를 비롯한 야에야마 민요의 편곡·개작, 100여곡에 이르는 동요 등을 작곡하여 '오키나와 음악계의 아버지'로 추앙받는다.

4 민요가 일상적인 생활 공간에서 무반주로 노래하는 데에 비해서 후시우타는 전통악기 산신과 피리와 북의 반주로 노래한다.

5 이는 '아사토야 윤타'가 약간 변형되어 사족士族 사이에서 확산된 것으로 간주된다.

신구新舊 윤타ユンタ는 그 차이가 분명하다. 그런데 후시우타인 「아사토야부시」의 경우는 다케토미지마의 가사와 그 외 지역에서 부르는 가사가 서로 다르다.

다케토미지마의 가사에는 여주인공인 구야마クヤマ가 미샤시슈目差主[6]의 구혼을 거절한 이유에 대해 "구야마는 미샤시슈가 구혼하기 전에 이미 상관인 윤추與人[7]의 구혼을 받아들였기 때문에 구혼을 거절했다."라고 되어 있다.

이에 비해 다른 지역에서 노래하는 「아사토야부시」의 가사는 "다른 섬의 남자와 결혼하기보다는 같은 섬에 사는 남자와 결혼하는 것이 훗날에 좋을 것이므로 미샤시슈의 구혼을 거절했다."라고 노래한다. 최근에는 이 가사가 일반적으로 노래되어 가고 있지만 다케토미지마의 「아사토야부시」는 전통적인 「아사토야 윤타」의 가사를 계승하고 있다.

즉 다케토미지마의 「아사토야부시」 가사에는 "같은 섬에 사는 남자를 남편으로 얻는 것이 행복하다."든가 "구야마가 관리와의 결혼을 거절했다." 등의 내용이 전혀 없고, '아사토야 윤타'에서도 노래하지 않는다.

그런데 이 '아사토야 윤타'에서 언급한 결혼이란 이시가키지마에서 부임한 관리의 시중을 드는 여자 다시 말하여 현지처가 되는 것을 의미한다. 그 같은 여자에 대해서는 '당시의 시골 여성에게 있어서 그것은 최고의 영예이다.'라는 견해와 '시중들기를 바라는 여성은 없었다.'라는 견해로 양분되어 있다.

6 류큐 왕국에서 가혹한 인두세人頭税를 부과하던 시대에 세금 징수를 위해서 다케토미지마에 파견되었던 하급관리이다.

7 류큐 왕국 시대에 미야코 및 야에야마 지역에서 관리의 수장인 슈이우후야쿠首里大屋子 다음으로 높은 관직이다.

실제로는 각자 처한 사정에 따라 달랐을 것으로 생각하는 편이 타당하겠다. 연인이 있는 여자 입장에서는 신분이 높고 부유하더라도 다른 남자의 시중을 드는 일은 싫었을 것이고, 한편 피치 못할 사정으로 명성이나 부를 동경하는 여자도 있었을 것이다.

실제로 다케토미지마에서 집안 여자를 시중들게 하여 부농이 된 집안도 있다. 아사토 집안安里家의 구야마도 윤추라는 관직에 있던 관리의 아내가 된 덕분에 사유지를 갖지 못하던 시대에 밭을 받았다고 전해진다.

「아사토야 윤타」의 가사는 23번까지 있다. 무용곡에서는 1번부터 4번까지를 정조正調의 「아사토야부시」로 노래하고 5번부터 7번까지는 '아사토야 윤타' 곡으로 노래한다.

「아사토야부시」의 공연 장면

가요극 아사토야

가요극 「아사토야安里屋」는 다케토미지마에서 만들어져 옛날부터 불러왔던 「아사토야 윤타」의 가사를 계승하여, 다른 섬에서 불러온 「아사토야부시」의 가사 내용도 받아들였다. 참고로 그 줄거리를 소개한다.

❶ 미사시슈(관리)가 구야마에게 구혼한다. 그러나 구야마는 “훗날을 생각하면 같은 다케토미지마 출신의 남편이 좋다.”라며 미사시슈의 구혼을 거절한다.
❷ 구혼을 거절당한 미사시슈는 구야마에게 “혼을 내주겠다.”라며 나카스지 촌仲筋村으로 미녀를 찾으러 간다.
❸ 미사시슈는 경관에 감동하다가 나카스지 촌에서 아름다운 여인을 만난다.
❹ 미사시슈가 여인의 집안의 이름을 묻는다. 여인은 “가네마カネマ 집안의 이스케마イスケマ입니다.”라고 대답한다. 미사시슈는 곧바로 여인의 부모와 만나서 딸을 달라고 간청한다.
❺ 미사시슈는 여인의 부모로부터 선선히 승낙을 얻은 후에 이스케마를 껴안고 은부후루 언덕ンブフルの丘 위에서 자신의 뜻대로 된 것을 기뻐한다.

이상으로 가요극 「아사토야」는 끝난다. 그렇지만 전통적인 「아사토야 윤타」에서는 그 후 미사시슈의 안방으로 장면이 바뀌어, 앞으로 태어날 아이가 남자아이라면 마을의 지도자가 되기를 기원하고 여자아이라면 가정을 잘 꾸려나가기를 기원하며 끝난다.

요컨대 가요극 「아사토야」는 전통적인 「아사토야 윤타」와 다른 지역에서 부르던 「아사토야부시」를 합하여 창작한 것이다. 미사시슈의 행동을 중심으로 서술하면서, 구야마·이스케마·가네마·마카토マカト 등의 인물이 등장하여 각자 생각하는 바를 미리 준비한 녹음 음악에 맞추어 노래하고 춤춘다.

가요극 「아사토야」 장면

원 다라쿠지

다케토미지마에서는 장남을 뜻하는 다로太郎를 다라タラー, 차남을 뜻하는 지로次郎를 지라ジラー라고 부른다. 그리고 숙부를 뜻하는 오지叔父를 부지ブジ 혹은 부쟈ブジャー라고 부른다.

그 부지가 변하여 구지グジ가 되고 다시 쿠지クジ로 변하였다. 따라서 다라쿠지タラクジ란 '다로 오지太郎叔父' 말하자면 '큰 숙부'라는 의미이다. 그러나 이 노래의 주인공은 다라쿠지가 아니라 조카딸인 가마도마カマドマ이다.

참고 삼아서 전설을 바탕으로 다라쿠지의 줄거리를 소개한다.

가마도마는 물을 길러 가기 위해서 향귤로 만든 목걸이를 벗어서 우물 입구에 놓아둔 채 우물 안쪽으로 내려간다. 그 후 가마도마의 숙부(다라쿠지)가 와서 그 목걸이를 발견하고서는 가지고 돌아간다. 그는 득의양양하게 "연인에게서 받은 목걸이다."하고 다른 사람들에게 소문낸다.

「원 다라쿠지」 공연 장면

그런데 그 목걸이가 가마도마의 것이라는 사실이 알려지자 숙부와 조카딸인 가마도마가 연인 사이라는 소문이 퍼진다. 숙부와 조카딸의 사랑은 불륜에 의한 간통과 다름이 없어서 모두에게 비난을 받는다. 그 소문은 마침내 류큐 국왕의 귀에까지 들어가 기록으로 남게 된다. 가마도마가 아무리 이를 부정해도 이제 어떻게 해 볼 도리가 없는 상황이 되었다.

다라쿠지의 경솔한 행동이 조카 딸 가마도마를 불행의 나락으로 떨어뜨리고 말았다는 슬픈 이야기이다.

1 다케토미지마에 소재한 기호인喜寶院의 주지로 전통예능 보유자이다. 기호인은 정토진종浄土真宗 혼간지 파本願寺派에 속하는 사원이다.

2 류큐 왕국 시대 남자의 머리 모양이다.

오랫동안 이 「다라쿠지」를 공연해온 우에세도 도모코上勢頭同子[1]는 "다라쿠지는 간푸カンプー[2]를 묶지 않고 다린간タリンカン 머리 모양을 하고 춤을 춘다. 그 점을 미루어 보면 그녀는 죄를 용서받지 못했다고 생각한다."라고 들려주었다. 다린간은 늘어뜨린 머리를 의미하며 처형을 당하는 여성의 머리 모양이다.

무용곡으로서의 「다라쿠지」는 1번부터 3번까지를 「다라쿠지부시タラクジ節」로 춤추며, 4번과 5번은 「구이가마부시クイガマ節」로 춤춘다.

이 노래를 '원 다라쿠지부시元タラクジ節'라고 칭하는 것은 다른 지역에서 부르고 있는 '다라쿠지부시'와는 노래하는 방식이 다르기 때문이다. '다라쿠지부시'가 다케토미지마에서 생겨나 전승되어 왔다는 점을 보여주기 위해서 '원 다라쿠지부시'라고 부르고 있다.

「원 다라쿠지」에 사용하는 소품

사사라 진다이쿠

사사라 진다이쿠簓錢太鼓에서 '사사라簓'란 잘게 쪼갠 대를 다발로 묶은 것이다. 이는 문질러서 소리를 내는 민속악기이다. 이 무용에서는 두 개의 대나무를 대고 문지르듯이 하여 소리를 낸다.

8명의 무용수가 진다이쿠錢太鼓[1]·사사라·진비키錢引き·진보錢棒라고 부르는 외래의 민속악기를 다케토미지마 방식으로 사용하는 진기한 무용이다. 사사라는 본토에서도 덴가쿠田樂[2]·셋쿄說經[3]·우타자이몬歌祭文[4] 등에서 사용하는 악기이다. 그 악기들이 다케토미지마에도 전해졌을 것이다.

진보는 독특한 악기로, 니시쓰노이 마사히로西角井正大[5]는 "동전 소리를 악기에 더한 것은 다케토미지마의 독자적인 고안이라고 생각할 수 있을 것이다. 잘 생각해보면 단순히 음악적인 효과를 높일 뿐만 아니라 경제적으로 풍요로워지기를 기원하는 주술적인 의미에서 이렇게 고안한 것이 아니었을까?"라고 언급하였다.

1 야에야마 지역에 전하는 전통예능이다.

2 일본 헤이안平安 시대부터 전해오는 무악舞樂이다. 원래는 모내기를 할 때 행하였으나 차츰 대중화하여 놀이에서 성행하였다.

3 셋쿄부시說經節라고도 한다. 대처승이 불법의 소중함을 쉽게 글로 풀어서 가락을 붙여 노래한다.

4 에도 시대 속곡俗曲의 하나이다. 원래 수도승修道僧이 신불의 영험함을 노래하던 데서 출발하여 세속적으로 재미있는 내용에 곡조를 붙여 노래하게 되었다.

5 (1932~) 민속예능 연구자이다. 2004년에 국립극장오키나와운영재단의 이사직을 역임하였다.

「사사라 진다이쿠」에 사용하는 소품

이 무용은 「다노랴タノリャー」, 「하치닌부두이八人踊り」, 그리고 「마미도マミドー」 등과 마찬가지로 다나두이의 무용으로 만들어진 것이다. 파종이 주제인 다나두이다운 가사이며, "파종 축복, 뿌리내리기 기원, 은전銀錢 씨앗을 뿌려서 황금 씨앗을 뿌려서 자란 줄기는 개의 털처럼 많이 고양이의 털처럼 많이 자라고"라며 노래한다. 멜로디는 '군누우라부시古見の浦節'[6]와 '하시유바부시橋ゆば節'[7]의 두 곡으로 구성되었다.

6 야에야마 민요를 대표하는 서정성 넘치는 노래의 하나이다. 그 내용은 다음과 같다. 오기미 나가토시大宜見長稔가 공무로 요나구니지마與那國島로 가던 도중에 조난하여 표착한 군누우라古見の浦에서 아름다운 여성과 만나게 된다. 두 사람이 헤어지게 되었을 때 오기미 나가토시가 이별을 슬퍼하며 이 노래를 지었다고 전해진다.

7 야에야마 제도 이리오모테지마西表島 섬의 마이라가와前良川와 시이라가와後良川 하천에 돌을 쌓아서 다리를 놓던 일을 전하는 노래이다.

「사사라 진다이쿠」 공연 장면

다케토미지마의 전통가옥

Ⅳ. 유쿠이

1 날마다 곡물이 순조롭게 자라서 풍작을 상징하는 신주神酒를 맛있게 마시자는 내용의 노래이다.

다나두이의 첫째 날 봉납예능이 끝나면 유무치 우타키世持御嶽의 신 앞에서 간쓰카사로부터 이반イバン이라 부르는 야생밀감 잎을 내려 받는 의식을 거행한다. 이 의식에 참석하여 이반을 내려 받은 사람은 철야로 '유쿠이世乞い'에 참가해야만 한다. 이 의무는 다음날 이른 아침에 행하는 이반 반환의식 때까지 이어진다.

유쿠이는 유무치 우타키에서 출발하여 길에서 부르는 미치우타道歌를 노래하면서 다나두이를 무자일戊子日로 정했다고 전해지는 네레根原 집안을 향하여 간다. 네레 집안은 네레칸두根原金殿의 자손 집이다.

이윽고 네레 집안의 문을 들어서면 마키우타巻き歌를 부르면서 원을 그리듯이 빙글빙글 돈다. 이 노래가 끝나면 동서로 나뉘어 마주하고 「시키도요シキドーヨ」[1]를 노래한다.

이어서 동서로 나뉜 두 집단이 전진과 후퇴로 구성된 「가리ガーリ(가에ガーエー)」라는 동작을 하고 네레 집안의 아이를 헹가래 친다.

「유쿠이」에서
참가자들에게 대접하는 음식

「유쿠이」의 방문객들을 기다리는 주사 집(위)
「유쿠이」 참가자들이 좌정한 모습(아래)

네레 집안의 유쿠이가 끝나면 하자마玻座間 동쪽 마을·하자마 서쪽 마을·나카스지仲筋의 세 취락으로 나뉘어 각기 마을의 집들을 돈다. 각 집에서는 네레 집안과 동일한 방식으로 유쿠이를 되풀이한다.

이 유쿠이 노래에는 미치우타, 니와우타庭歌(「마키우타巻き歌」·「시키도요」),[2] 자시키우타座敷歌(「이니가 다니아요」·「니우리 윤타」)[3]가 있다. 이들 유쿠이 노래의 대부분은 풍작을 기원하는 노래이지만, 그 중에서 「마키우타」만은 유쿠이의 방문자와 그를 맞이하는 주인 측의 답가로 되어 있다.

2 집안에 있는 작업장에서 일할 때에 부르는 노래이다.

3 민요의 분류 중 하나로 잔치를 벌이는 자리에서 부르는 축가나 연회가를 말한다.

이 「마키우타」는 다나두이의 유래 전승과 밀접하게 결부되어 전승되었다. 네레칸두가 제창한 무자일의 다나두이에 동의했던 다케토미지마의 여섯 신(여섯 명의 추장들)이 불렀던 노래라고 전해지고 있다. 즉 네레 집을 방문하는 신들과 그들을 맞이하는 네레칸두 사이의 문답가라고 전해지고 있는 것이다.

그런데 「마키우타의 가사 형식이 '욘나ヨンナ'라는 메기는 소리[4]로 반복되는 8·8·8·6의 류카琉歌[5] 형식이라는 점, 같은 내용의 노래가 아마미 제도奄美諸島[6]의 하치가쓰오도리 노래八月踊り歌[7], 이리오모테지마西表島의 시치사이節祭[8], 이시가키지마 가비라川平의 마윤가나시マユンガナシ 행사[9] 등에서도 부르고 있는 점을 고려하면 「마키우타」는 다케토미지마에서 발생한 것이 아니라 아마미·오키나와 제도에서 전파되어온 가요일 것으로 추측된다.

「유쿠이」에서 함께 춤추는 모습

4 일본어로는 하야시고토바囃し言葉라고 한다. 노래 중간이나 끝에 가락을 맞추기 위해서 넣는 의미 없는 말이다.

5 거의 오키나와 전역에 전승되는 서정단시형敍情短詩形 가요이다.

6 현재 가고시마 현鹿兒島縣 남부 오시마 군大島郡에 속해 있다. 원래 류큐琉球 왕국의 영토에 속했다.

7 음력 8월 15일을 정점으로 음력 8월 경에 가고시마 현鹿兒島縣의 오스미 반도大隅半島, 사쓰난 제도薩南諸島, 오키나와 등에서 추는 춤이다. 한국의 강강수월래와 유사하다.

8 국가중요무형문화재로 지정되어 있는 전통예능이다. 미륵과 오호호オホホ라는 신이 나타나 오곡풍요를 기원하는 제례이다.

9 바다 건너편 '니라이카나이라'는 신들의 세계에서 현세를 방문하는 신이다. 여기서 마유는 '풍족한 진짜 세계'라는 의미이고 '가나시'는 경칭이다.

먼 곳으로부터 전래된 가요가 다케토미지마 다나두이의 유래 전승과 결부하여 다나두이의 중요한 노래로서 생성된 것이다.

따라서 「마키우타」의 해석에는 다나두이의 유래 전승과 결부시켜서 해석하는 경우와 유래 전승과는 관계없이 해석하는 경우의 두 가지 방법이 있다. 다나두이의 유래 전승과 분리하여 「마키우타를 해석한다면 그것은 남녀가 번갈아 주고받는 노래일 것이다.

그리고 다나두이에서는 밤의 유쿠이 외에 아침 행사로서 섬의 행정관리인 주사主事 집으로 인사드리러 가는 관습이 있으며, 그곳에서도 유쿠이 노래를 부른다.

「유쿠이」의 헹가래

「유쿠이」 행렬

V. 나카스지 촌의 무대예능

교겐부

나카스지 혼쟈

1 일본의 전통가옥에서 방 한 구석을 약간 높게 만들어 화병을 놓아두고 벽에 족자를 걸어 장식하는 공간이다. 이 도코노마 바로 앞이 상석으로 대개 손님을 도코노마의 앞쪽에 앉도록 한다.

2 오키나와의 전통가옥은 일반적으로 남향으로 짓는다. 가옥에 마련한 방 중에서 가장 동쪽에 위치한 방을 이치반자라고 부르며 신을 모시는 신단이 마련되어 있다. 그리고 그 옆에 위치한 다음 방을 니반자二番座라고 부르며 조상들의 위패를 모신 불단佛壇이 놓여 있다.

등장인물
노인 1명

'혼쟈ホンジャー'는 '마을의 아버지'로 해석된다. 혼쟈는 예능의 총괄자이자 책임자로서 다나두이種子取祭의 무대에 등장한다. 혼쟈 집안에 해당하는 세이모리生盛 집안과 구니요시國吉 집안에서는 도코노마床の間[1]에 향로를 놓아 두고 혼쟈를 예능의 신으로 모신다.

혼쟈를 예능의 신으로서 모시는 한편으로, 다나두이에서는 혼쟈 집안의 당주當主가 직접 혼쟈로 분장하여 출연한다. 이는 일본 본토의 교겐狂言에서 노인 가면을 신으로 받들며 무대에서 노인을 연기하는 것과 유사하다.

그런데 혼쟈는 원래 하자마玻座間·나카스지 교겐부의 신으로 모셔졌으며 무용부의 신은 아니었다. 또 현재는 예행연습의 시작과 본 무대가 종료했음을 보고하는 의식을 혼쟈 집의 이치반자一番座[2](도코노마가 설치되어있음)에서 행한다. 본 무대가 종료했음을 보고하는 의식을 하

지리ハジリ라고 부른다. 옛날에는 교겐부의 신입 의식이 나 교겐 연습도 이치반자에서 행하였다. 다시 말하자면 혼쟈는 원래 교겐부의 신으로서 본토의 교겐에 등장하는 「오키나翁」[3]와 동일하게 인식되었을 것이다.

다나두이의 이틀째 봉납예능은 나카스지 촌에서 담당하므로 나카스지 촌의 세이모리 집안 당주가 혼쟈로 분장하여 등장한다. 그는 풍작 기원을 한 후에 이제부터 자식과 손자들이 예능을 공연할 것이라고 선언한다.

나카스지 혼쟈가 하자마 혼쟈와 다른 점은 그가 여러 섬 지역을 돌며 곡식의 씨앗을 배에 가득 싣고 왔다는 것, 그리고 그의 나이가 121세라고 주장하는 부분이다.

3 전통극 노가쿠能樂 곡목 중의 하나로 노인의 탈을 쓰고 춤을 춘다.

「나카스지 혼쟈」

미루쿠

↘ 등장인물

미루쿠 신 / 시자先輩 4명 / 종자從者 여러 명 / 아이 여러 명

첫날 공연하는 봉납예능인 미루쿠彌勒神와 동일하다.

「미루쿠」에 등장한 미루쿠 신

시두랴니

↘ 등장인물

모토(최고 장로) / 장로 갑 / 장로 을 / 장로 병

시두랴니シドゥリャニ는 물떼새가 해변에 무리지어 모여드는 모습을 사람들이 모여드는 모습에 비유한 것이다. 나카스지 촌의 최고 연장자인 노인이 등장하여 "자식과 손자들은 다나두이 축제로 의욕이 넘치고 있다. 다나두이의 축제소리가 요란스럽게 들려오면 우리 늙은이들도 집에서 가만히 있을 수는 없다. 지금부터 유무치 우타키世持御嶽에 가서 신께 시두랴シドゥリャ 춤을 봉납하여 풍작을 기원하자."라며 동료 노인 세 명에게 권한다.

이 예능에 등장하는 장로들은 현재 나카스지 촌에 사는 최고 연장자 네 명으로 설정 되어 있으며 다음과 같은 순서로 연출된다.

❶ 유무치 우타키의 신께 배례한다.
❷ '시두랴니'를 노래하며 춤춘다.
❸ 노래하고 춤추면서 신주神酒를 받는다.
❹ 신주와 관련한 축문祝文을 읊는다.
❺ '사사라 니시카지篩北風'를 노래한다.
❻ '돈챠마トンチャーマ'를 노래하고 퇴장한다.

참고로 '시두랴니シドゥリャニ'를 '백조白鳥'로 해석하는 것은 잘못이다. 이는 '물떼새'로 이해해야 한다. 「지두랸니윤구투ちどぅりゃーんにユングトゥ」 또는 「지두랴마윤구투ちどぅりゃーまユングトゥ」가 야에야마八重山의 여러 섬에서 전승되고 있는데, 그 「지두랸니チドゥリャーンニ」가 「시두랴니」로 바뀐 것이다. 물떼새가 바닷가에서 무리를 이루는 것은 다케토미지마의 「기루리아요霧下りアヨー」[1]에서도 부른다. 물떼 새가 바닷가에서 무리지어 모여드는 모습을 사람들이 모여드는 모습에 비유하였다.

1 야에야마 지역에 내리는 안개를 소재로 한 노래로 흔히 야에야마 옛 노래 중에서 백미로 평가된다.

「시두랴니」의 장로들

또 이시가키지마石垣島 가비라川平의 '시치사이節祭'에서는 제례에 참가하지 않은 사람을 벌하는 '싯투이シットゥイ' 행사가 행해졌는데, 「시두랴니」 예능의 장단 맞추는 소리에서도 '싯투이'라는 표현이 나온다.

그 외에 이 교겐의 미샤쿠 축문ミシャク祝文(신주神酒를 마시기 전에 외치는 말)에서는 "요나구니與那國 두유마豊見親가 농사지은 쌀로 빚은 신주 같다."라는 표현이 나오는데, '요나구니 두유마'란 네레칸두根原金殿를 가리키는 말인 듯하다.

「시두랴니」는 다나두이의 역사나 다케토미지마의 역사 전승을 고찰하기 위해서 많은 것을 시사하는 중요한 교겐이라고 생각된다.

아만치

↘ 등장인물

아만치 / 노인 / 젊은이 갑 / 젊은이 을 / 젊은이 병 / 젊은이 정

'아만치'란 류큐琉球 왕국의 신화에 등장하는 아마미키요アマミキヨ를 말한다. 오키나와 본도 및 그 주변의 낙도에서는 국토를 창생한 신·벼농사를 시작한 신으로서 전승되고 있다.

이 교겐에서는 우치나구치ウチナーグチ(슈리首里 말)가 사용되고 있으므로 「아만치」가 다케토미지마竹富島에서 발생한 것이 아니라는 점은 분명하다. 고로古老의 말에 의하면 이리오모테지마西表島의 다카나 촌高那村에서 전래된 것이라고 한다.

아마도 오키나와 본도에서 야에야마로 전래되고, 이어서 다카나 촌을 거쳐 다케토미지마에 전해졌을 것이다. 다만 이 「아만치」의 「마미도マミドー」 무용은 다케토미지마에서 연출되었다.

「아만치」의 내용은 다음과 같다.

아만치가 작물의 씨앗을 마을사람들에게 내려주려고 찾아온다. 한편 마을의 장로는 다나두이의 기원을 하려고 마을 젊은이들을 데리고 나간다. 아만치와 마을사람들이 우연히 만나 장로가 아만치로부터 작물의 씨잇을 받고 경작법을 배운다. 아만치가 떠난 후, 농작법을 내용으로 한 「마미도」 무용을 춤추며 퇴장한다.

참고로 장로가 젊은이들을 향하여 지쿠둔筑登之이나 페친親雲上[1]이라고 부르는 것은 오키나와 본도에서 행하는 「장자의 우후누시長者の大主」의 호칭을 모방했을 것으로 추측된다. 다케토미지마에서의 해석으로는, 그 젊은이들이 지쿠둔이나 페친의 위계를 받을 수 있도록 열심히 하라는 소원을 담아서 그렇게 부른다고 전해진다.

1 페친은 류큐 왕국의 위계位階 및 칭호이다. 위계는 종7품으로 영지를 갖지 않는 하급사족에 속한다. 지쿠둔페친은 오직 지쿠둔 가계에 속하는 사람들만이 승진해서 오를 수 있었다. 머리에 황관黃冠을 쓰고 은비녀를 꽂았다.

「아만치」 장면

파종 교겐

↘ 등장인물

유무치世持 / 젊은이 갑 / 젊은이 을 / 젊은이 병 / 젊은이 정
마중 역할의 소년

마을의 책임자인 유무치가 등장하여 “무자일戊子日 다나두이 날인 오늘 파종을 하겠다.”라고 말하고 젊은이 네 명을 데리고 밭으로 간다. 유무치는 씨앗을 뿌린 후에 축문을 읽고, 마지막에는 마중하러 온 소년의 북소리에 맞추어 「시키타본しきた盆」을 노래하며 퇴장한다.

이 예능은 조의 파종을 무대 위에서 재현하는 의례적인 것으로, 유무치가 읽는 축문이 중심이다. 그 축문은 조의 파종, 생육, 제초, 수확, 수확 축복하기까지의 과정을 정성껏 읽어 내려간다.

간쓰카사神司가 읽는 축문이나 유쿠이에서 노래하는 「이니가 다니아요稲が種子アヨー」와 거의 같은 내용이다.

유무치가 읽는 축문이 이 교겐의 근간을 이루며, 유무치가 낭랑하게 울려 퍼지는 축문을 한구절도 틀림없이 다 읊었을 때에는 관객으로부터 큰 박수가 터져 나온다.

요컨대 곡식을 파종하는 단계에서 수확하기까지의 이상적인 과정을 낭창함으로써 앞으로 뿌리게 될 씨앗이 축문에서 낭창한대로 풍성하게 이삭이 맺기를 기대하며 예축豫祝한다.

또 퇴장할 때 부르는 「시키타본」은 오래 전부터 고요古謠로 부르던 창법이며, 현재 불리고 있는 무용곡 「시키타본」과는 창법이 다르다.

「파종 교겐」 장면

구미오도리 충신 부자

1 현재 오키나와 현 난조 시南城市 다마구스쿠玉城 지구에 있는 지명이다.

2 오키나와 본도 남부의 이토만 시糸満市 갼 촌喜屋武村에 있었던 '쓰카자토東里' 지역의 아지이다.

등장인물

지카히나東邊名 아지按司 / 후쿠치 우후누시福地大主 / 신하 갑 / 신하 을
신하 병 / 신하 정 / 이토가즈糸數의 아지 / 아내(여성 아지)
어린 아지 / 야마구시쿠누히야山城の比屋 / 가니무투 우후누시兼本大主
말 여물 담당자(나칸다카리仲村渠)

오키나와 본도 시마지리島尻 지역을 지배하는 이토가즈糸數[1]의 아지는 덕망 있는 인물이었다. 그러나 지카히나東邊名[2] 아지가 세력 확대를 노리고 이토가즈의 아지를 타도하고자 일을 꾸몄다. 지카히나 아지는 후쿠치 우누후시를 비롯한 신하들에게 명하여 이토가즈의 아지 아내의 생일을 축하하는 잔칫날 밤에 습격하도록 명하였다. 후쿠치 우누후시가 이끄는 신하들은 돌아와 "이토가즈의 아지를 비롯하여 적을 모두 죽였다."라고 의기양양하게 보고하였다.

그런데 이토가즈 아지의 신하 중에서 우두머리인 야마구시쿠누히야山城の比屋는 이토가즈 아지의 아들을 업고 도망쳤다. 그 후 야마구시쿠누히야는 숨어 지내던 아버지 가니무투 우후누시와 함께 주군의 복수를 한다. 그 복수담의 줄거리는 다음과 같이 전개된다.

야마구시쿠누히야는 이토가즈 아지의 외동아들인 어린 아지를 업고, 도망친 상인으로 변장하여 복수할 기회

를 노린다. 한편 숨어 지내던 야마구시쿠누히야의 아버지 가니무투 우후누시는 주군이었던 이토가즈 아지가 살해당했다는 소식을 듣고 주군의 원수를 갚기 위해서 온나 산恩納山[3]으로 간다. 지카히나 아지가 온나 산에서 멧돼지 사냥을 할 것이라는 정보를 입수했기 때문이었다.

차츰 긴장감이 더해가는 드라마 속에서 이전에 이토가즈 아지의 말 여물을 담당했던 남자가 등장한다. 이 남자는 구미오도리에 자주 등장하는 익살꾼 역할의 '마루문間の者'이다. 말 여물 담당이었던 사내는 지카히나 아지의 가혹한 치세를 익살스러운 몸 동작으로 비난한 후, "그러나 다시 원래 세상으로 돌아갈 것이다."라고 관객을 향해 말한다. 그 연유로 "지카히나 아지가 멧돼지 사냥을 하는 날에 야마구시쿠누히야가 반드시 복수를 할 테니까……."라고 설명한다.

어린 아지를 업고 등장한 야마구시쿠누히야는 지카히나 아지가 사냥을 나간다는 말을 듣고 복수할 기회라고 벼른다. 이런 중요한 때에 어린 아지는 어머니가 살해당

3 오키나와 현 구니가미 군國頭郡 온나 촌恩納村에 위치한 산의 이름이다.

구미오도리 「충신 부자」 장면

한 것도 모르고 "복수를 하면 어머니를 만날 수 있겠는가?"라고 묻는다. 야마구시쿠누히야는 어린 아지 후계자의 말에 눈물을 흘리지만 복수가 중요하다고 생각하여 온나 산으로 간다.

가니무투 우후누시와 그의 아들 야마구시쿠누히야는 온나 산에서 우연히 마주친다. 그러나 두 사람은 서로가 부자지간이라는 사실을 모르고 결투를 한다. 아지 후계자를 업고 싸우던 야마구시쿠누히야가 패하지만 아버지인 가니무투 우후누시가 야마구시쿠누히야에게 이름을 물어서 두 사람은 부자 사이라는 것을 알게 된다. 야마구시쿠누히야와 가니무투 우후누시 부자의는 의기양양하게 멧돼지 사냥을 나간 지카히나 아지와 그 신하들을 매복하고 있다가 모두를 죽인다.

이 구미오도리는 양쪽의 결투방식 연출에 여러 가지 궁리를 하였다. 특히 복수 장면에서 하위자와 싸울 때는 진짜 전투와 같은 결투방식을 취하지만, 상위자上位者와 싸울 때에는 무용과 같은 결투방식을 취한다. 마지막에 지카히나 아지와 야마구시쿠누히야가 대결하는 장면은 가부키歌舞伎와 비슷하며 무용과 같다.

구미오도리 「충신 부자」의 출연자들

원두막에서의 기원

↘ 등장인물

스主 / 아야アャー / 사루비키猿引 / 원숭이

구미오도리組踊 「꽃장수의 인연花賣りの縁」[1] 중에서 원숭이를 다루는 사루비키猿引가 등장하여 원숭이 예능을 공연하는 장면이 있다. 그 장면만을 골라내어 또 다른 예능으로 만들어낸 것이 「원두막에서의 기원畑屋の願い」이다. 메이지明治 무렵의 다나두이에서는 「원두막에서 기원」을 공연하였지만, 그 후 구미오도리인 「꽃장수의 인연」을 연출했다가 최근에 다시 「원두막에서의 기원」을 연출하게 되었다.

「꽃장수의 인연」은 작자가 다카미야기 페친高宮城親雲上이며 1800년경에 만들어진 작품이다. 어느 여인이 아들과 함께 행방을 알 수 없는 남편을 찾아 오키나와 북부의 얀바루山原[2]로 여행을 떠나는 내용이다. 모자는 여행 도

1 구미오도리 작품으로 패전 후에 오키나와 사람들의 마음을 위로하고 살아갈 희망을 주었다는 평가를 받는 명작이다. 노가쿠能樂 「아사카리芦刈」 작품의 영향을 받아 다카미야기 페친高宮城親雲上이 만들었다.

2 오키나와 본도 북부에 위치한 산간지역이다. 혹은 단순히 오키나와 본도의 나고 시名護市 이북 지역을 가리키는 경우도 있다.

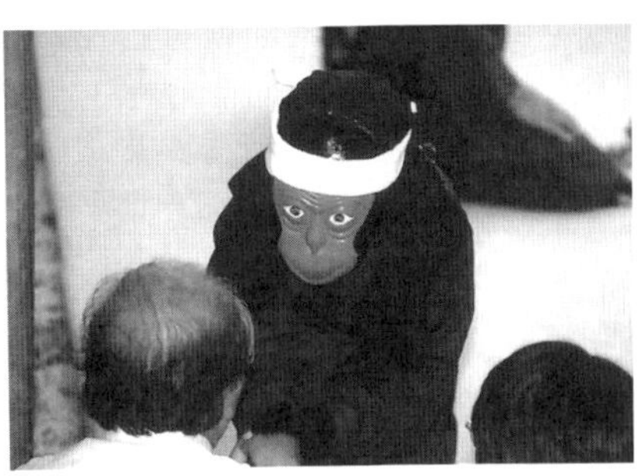

「원두막에서의 기원」의 원숭이

중에 사루비키와 장작 만드는 사람을 만난다. 마지막에는 꽃장수인 남편과 해후하여 가족이 다 함께 슈리首里로 돌아간다.

이에 비해 「원두막에서의 기원」은 '스主'와 '아야アヤー' 부부가 밭의 원두막에서 파종을 위한 기원을 하고 있을 때에 사루비키와 만나서 원숭이 예능을 보게 된다는 줄거리이다. 스가 등장하여, 파종할 시기이므로 밭 원두막에서의 기원을 하겠다고 말하고 아야에게 공물供物을 준비하도록 시킨다. 기원을 하고 있을 때에 사루비키와 원숭이가 등장하여 원숭이의 예능을 관람한다.

「원두막에서의 기원」의 마지막은 아야가 스의 빈틈을 엿보아 도망치려고 하는 설정이지만, 아야가 왜 도망치려 하는지 그 이유는 제시하지 않는다. 게다가 스는 그와 같은 관객의 의문을 무시라도 하는 것처럼 아야를 찾아다니며 익살맞은 연기를 계속하면서 퇴장한다.

추측컨대 스(남편)의 명령을 받아 열심히 일하며 봉사하던 아야(아내)였지만, 원숭이의 춤을 보고 매우 경박하게 구는 남편의 모습을 보고 질색하여 도망치듯 퇴장했을지도 모른다.

「원두막에서의 기원」의 스와 아야

샛줄멸 잡기 교겐

등장인물

마이치マイチ / 누베마ヌベマ / 온자オンザ

이 「샛줄멸 잡기 교겐スル掬い狂言」은 쇼와 50년(1975)의 다나두이 때에 고로古老의 지도에 따라 25년 만에 부활한 교겐이다.

이 교겐은 다나두이에 시기를 맞이하여 마이치マイチ와 누베마ヌベマ라는 두 여자가 온자(남자)에게 권유하여 곤도이コンドイ 바다에서 그물을 사용하여 샛줄멸을 잡아 올리는 이야기이다. 다케토미지마에 사는 마이치와 누베마는 마침 이시가키지마石垣島에서 온 남자에게 권하여 곤도이 해변으로 샛줄멸을 잡으러 간다. 샛줄멸을 잡아 올리는 것은 마이치와 누베마이며 남자는 샛줄멸을 잡고 있는 역할이다.

이 교겐의 재미는 마이치와 누베마가 말하는 다케토미지마 방언과 남자가 말하는 네 곳의 방언이 뒤섞여있다는 점에 있다. 그 네 곳은 도노시로登野城, 오카와大川, 이시가키石垣, 아라카와新川 등이다.

예를 들면 남자가 "어디에서 샛줄멸을 잡는가?"라고 물으면, 여자들은 "곤도이 바다 가장자리에 있는 하타기구무루ハタギグムル에서."라고 대답한다. 그 말을 들은 남자는 "어떻게 밭(하타기구무루)에서 고기를 잡는다는 말

1 일본어로 '야고'라고 한다. '家號'로 표기하기도 한다. 이는 어느 집의 특징을 살려서 집에 붙이는 이름이다.

「샛줄멸 잡기 교겐」 장면

이오?"라고 되묻는다. 그러면 여자들이 "하타기구무루는 밭이 아니라 해변 이름입니다."라고 대답한다. 남자는 "다케토미지마의 말은 재미있구려. 그럼 밭으로 고기를 잡으러 갑시다."라며 양쪽 방언을 뒤섞어서 응수한다.

또 온자에는 숙부라는 의미가 있는데 그는 여자들이 자신을 비라ビラー라고 불러주기를 기대한다. 그래서 여자들이 온자라고 불렀을 때는 대답을 하지 않고 모르는 척 하지만, 비라라고 부르면 기뻐서 날뛴다. 그렇게 주거니 받거니 하는 대사의 절묘함으로 인해 이 교겐의 웃음과 재미가 더해진다. 참고로 말하자면 비라란 여성이 사랑스러운 남성을 부를 때의 호칭이다.

한편 이 교겐에는 섬의 성 풍속을 묘사한 대목이 있다. 현대나 고대나 성적 묘사가 터부시 되는 것은 변함이 없지만 여기서는 음습한 형식이 아니라 자연스럽고 밝게 표현되고 있다. 게다가 이 교겐은 출연자에 따라 대사가 다소 다르다. 출연자인 마이치와 누베마의 옥호屋號[1]는 해마다 바뀌는 것이 보통이다. 나카스지 촌 임원의 옥호로 부르는 것이 관습이었지만 최근에는 출연자의 어머니나 아내의 이름을 말하는 경우가 많다.

오니 잡기

↘ 등장인물

후쿠나카 페친福仲親雲上 / 모토무라 사투누시本村里主

사쿠마 사투누시佐久間里主 / 형 / 남동생 / 남자 오니 / 여자 오니

이 예능은 이리오모테지마西表島의 군古見에서 다케토미지마로 전래되었다고 하지만 원래는 오키나와 본도로부터 전래된 것이다. 등장인물들은 류큐 왕국시대 사족士族들의 언어를 사용하며 무대도 오키나와 본도의 모토부 산本部山이다.

봉술에 능한 무사 후쿠나카 페친福仲親雲上은 모토부 산에 살고 있는 식인 오니鬼를 사로잡으라는 명령을 받는다. 후쿠나카 페친은 검의 달인인 모토무라 사투누시本村里主[1]와 가라테空手가 뛰어난 사쿠마 사투누시佐久間里主, 이렇게 셋이서 모토부 산에 살고 있다는 오니를 퇴치하러 나선다.

한편 부모에게 버림을 받은 형제는 부자인 숙부를 만나기 위해 모토부 산의 산속을 걷고 있었다. 동생은 형에게 피곤하니 잠깐 쉬자고 말한다. 형은 이 산을 넘으면 어머니를 만날 수 있으니 힘을 내라고 격려한다. 그러나 동생은 더 이상 걷기가 힘들다며 산속에서 주저앉아버린다. 형도 어쩔 수 없이 함께 휴식을 취한다. 그곳에 오니가 나타나서 형을 잡아간다.

1 류큐 왕국 시대 사족의 위계 중 하나이다. 혹은 일반 사족 남자에 대한 경칭으로도 사용되었다.

「오니 잡기」에서
형을 잡아가는 장면

장면은 바뀌어서, 모토부 산에 도착한 세 무사는 각기 뛰어난 재주를 보여주며 마음을 진정시킨 후에 오니를 수색한다. 그때 혼자서 멍하니 앉아 있는 아이를 발견한다. 후쿠나카 페친은 가엾은 아이를 돌보고 다른 두 무사는 마침내 두 명의 오니가 살고 있는 동굴을 발견한다. 무사들은 "나오지 않으면 불을 지르겠다."라며 오니를 불러내어 격투를 벌인다. 오니 부부는 붙잡히고 오니들에게 잡혀갔던 형도 무사히 구출된다.

형으로부터 감사하다는 인사를 들은 후쿠나카 페친은 "모토무라 사투누시와 사쿠마 사투누시에게 오니를 맡기고 하고 나는 이 두 아이를 키우겠다."라고 말하고 형제를 데리고 퇴장한다. 그러자 두 무사는 오니 부부를 데리고 퇴장한다.

「오니 잡기」에서 포획된 오니

「오니 잡기」의 출연자들

무용부

다노랴

「다노랴タノリャー」는 조를 파종하는 모습을 무용으로 연출하였다. '무舞'라는 말이 어울리는 우아하고 아름다운 무용이다. 「다노랴」는 「다라쿠지부시タラクジ節」와 「우하라쿠이치부시大原越地節」의 두 곡으로 구성되었다. 가사는 「파종 축문」이나 「이니가 다니아요稲が種子アヨー」 등과 관련이 깊은 구절이다. 따라서 「다노랴」는 곡에서도 가사에서도 이차적·모방적임과 동시에 다나두이의 무대에서 춤추기 위해 만들어진 무용이라는 것을 알 수 있다. 그러나 그 안무는 「다노랴」에서만 볼 수 있는 독특한 것으로서 농사일을 이만큼이나 우아하고 아름답게 표현한 무용은 드물다고 할 수 있을 것이다.

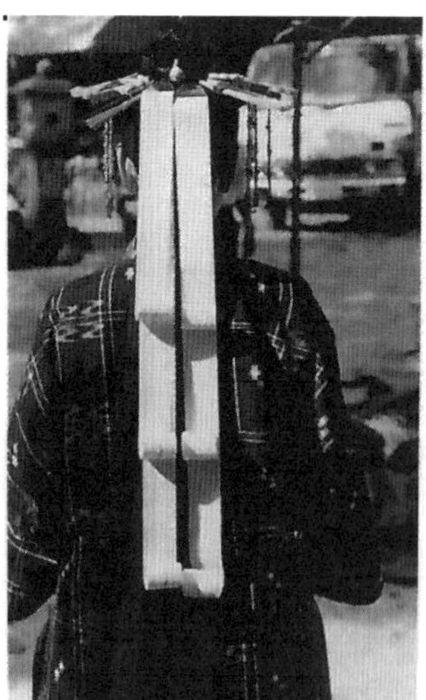

「다노랴」 무용수의 뒷모습

'다노랴'라는 말은 '다니 투리야タニトゥリャー', 즉 '씨앗을 받는 사람'이라는 의미로 '씨앗을 뿌리는 사람'이라는 의미가 아니다. 그러나 '씨앗을 받는다'라는 뜻을 지닌 '다네도리'

라는 말이 '파종'과 동일한 의미로 사용되고 있는 점을 감안한다면, 다노랴는 '씨앗을 뿌리는 사람'이라는 의미로 쓰이고 있다는 것을 알 수 있다.

어떤 사람은 "「다노랴」는 네레칸두根原金殿가 도쿠노시마徳之島[1]에서 조 씨앗을 가지고 온 것을 칭송하여 춤추게 되었다."라고 말한다. 그렇지만 이 해석은 견강부회처럼 생각된다. 왜냐하면 네레칸두가 도쿠노시마에서 조 씨앗을 가지고 왔다는 역사적 기록이나 전승이 존재하지 않기 때문이다.

「다노랴」의 우아하고 아름다운 무용은 궁정무용의 영향이 강하며, 현재의 무용은 메이지明治 이후의 무용일 것으로 추정된다. 다케토미지마에만 한정된 것이 아니라 야에야마제도八重山諸島・오키나와 본도의 섬들과 마을 제례에서 궁정무용이나 구미오도리組踊를 널리 춤추게 된 것은 류큐 왕국의 행정부가 폐지되고 오키나와현沖縄縣이 탄생한 1879년 이후의 일이라고 추정되기 때문이다.

1 가고시마 현鹿兒島縣에 속하는 아마미 제도奄美諸島에 있는 섬의 하나이다. 원래는 오키나와에 속하였다.

「다노랴」의 여성 출연자

다키둔부시

「다키둔부시竹富節」는 「하치닌부두이八人踊り」라고 부르기도 한다. 이 이름처럼 스디나 가칸スディナカカン이라는 의상을 입은 여성 네 명과 젊은이 모습의 네 명, 총 여덟 명이 함께 춤춘다. 이 무용은 「다키둔부시(=마사카이부시眞榮節)」와 「하시유바부시橋ゆば節」 두 곡으로 구성되는데, 「다노랴」와 마찬가지로 다나두이의 무대에서 춤추기 위해 만들어졌다.

「다키둔부시」의 여성

따라서 「하치닌부두이」의 가사는 모두 다나두이에 어울리는 내용으로 되어 있으며, 본래의 「마사카이부시」나 「하시유바부시」 가사가 아니다.

즉 이 무용에서는 "다나두이에서 종자를 뿌릴 때 기원한다는 씨앗이나 황금 씨앗을 뿌리면 개와 고양이의 털처럼 가지런히 많이 자라고 억새나 수크령[1]처럼 성장한다. 풍작이 들기를 기원한다."라고 노래한다. "고대하던 오늘 다나두이 날이여. 바라는 것이 이루어지게 해주소서."라고 노래한다. 다시 말하자면 「다키둔부시」의 가사는 「다노랴」와 거의 같은 내용이다.

다케토미지마에서는 일반적으로 「마사카이부시眞榮節」라고 부르는 이 노래를 무용에서는 굳이 「다키둔부시」라고 부르는데 여기에는 이유가 있다. 류큐 무용에 「누치바나貫花」라는 무용이 있는데, 그 무용은 「다키둔부시武富節」와 「난다키부시南嶽節」의 두 곡으로 구성되어 있다.

다키둔부시는 한자로 '嶽富節'로 표기하기도 한다. 그 '다키둔부시武富節'는 다케토미지마의 '마사카이부시' 곡이다. 요컨대 '마사카이부시'가 오키나와 본도에서 유포되어 '다키둔부시武富節'라고 부르게 되었고, 그 명칭이 다케토미지마로 역수입되어 「다키둔부시竹富節」라고 불렀던 것이다.

「다키둔부시」 무용수의 머리 장식

1 길갱이라고도 부르는 벼과에 속하는 여러해살이 풀로 목초나 퇴비 혹은 조경 식물로 이용한다.

「다키둔부시」의 춤추는 장면

「다키둔부시」의 행렬 장면

나카스지의 누베마

나카스지 촌仲筋村의 고모토幸本 집안에는 귀하게 키운 누베마ヌベマ라는 외동딸이 있었다. 그런데 누베마는 파나리 도기パナリ焼き[1]인 물 항아리와 모시풀 씨앗을 구하기 위해 아라구스쿠지마新城島[2]로 시집을 가게 되었다. 아라구스쿠지마의 관리가 물 항아리와 모시풀 씨앗을 다케토미지마에 양도해주는 조건으로 다케토미지마의 여인의 시중을 받고 싶어 했기 때문이었다.[3]

어머니는 바다를 사이에 두고 떨어져 있는 아라구스쿠지마로 소중한 외동딸을 시집보낸 후에 딸을 그리워하며 은부후루ンブフル 언덕 위에서 아라구스쿠지마를 바라보았지만 보이는 것은 그저 파도뿐이었다.

「나카스지의 누베마仲筋ぬヌベマ」는 이와 같이 슬픈 노래이다. 말하자면 씨를 뿌리고 풍작을 기원하는 다나두이의 취지와는 다른 무용이다. 마찬가지로 다나두이의 취지에 어긋나는 무용으로는 「원 다라쿠지」와 「시키타본」이 있으며 노래 중에는 「아사토야부시」가 있다.

그것들은 다케토미지마에 전해지는 전설이나 역사적 전승을 소재로 하는 노래에 춤을 안무한 것이다. 다시 말하자면 섬 사람들이 다나두이 라고 하는 축제의 장에서 다케토미지마의 전설이나 역사를 공유하고 공감하는 세

1 기원은 불명확하지만 야에야마 제도의 아라구스쿠지마新城島에서 19세기 중반까지 굽고 있었다는 소박한 양식의 토기이다. 냄비, 물동이, 향로 등으로 다양한 용기가 만들어져 야에야마 각지에서 사용되었다.

2 야에야마 군 다케토미정竹富町에 속한 섬이다. 가미지지마上地島와 시모지지마下地島라는 두 섬으로 이루어졌다. 현지 사람들은 두 섬이 떨어져 있다고 해서 '이별'을 의미하는 '파나리パナリ' 또는 '파나리지마パナリ島'라고 부르기도 한다.

3 일찍이 이 같은 역할을 하는 여자를 가리켜 '마카나이온나賄女'라고 불렀다. 류큐 왕국 시대에 지방에 파견된 관리의 시중을 들던 여자이다.

4 매년 음력 8월이면 거행하는 제례이다. 다케토미지마의 가장 큰 연중 행사인 다나두이보다 약간 이른 시기에 거행한다.

계를 창출한 것이다.

이는 다나두이가 풍작을 기원하는 농경제례라는 틀을 넘어서 섬 사람들의 정체성을 확인하는 축제의 장으로 변모했기 때문이라고 생각한다.

「나카스지의 누베마」는 일찍이 '기쓰간사이結願祭'4에서 공연하였지만, 최근에는 다나두이에서 춤추게 되었다. 또 이 무용은 「나카스지의 누베마부시仲筋のヌベマ節」와 템포가 빠른 「아사토야부시」의 두 곡으로 구성되며, 그 가사는 옛날 가요 「나카스지의 누베마」와 약간 다른 부분도 있다.

「나카스지의 누베마」 장면

산구루로

기샤바 에이준喜舍場永珣은 『야에야마의 옛 가요八重山古謡』라는 저서에 '잔구루로ザングルロ'라는 제목으로 이 노래를 실었다. 그는 이를 가리켜 가장 난해한 노래라고 언급하고 있다. 확실히 이 노래의 가사는 류큐 방언이라고 짐작만 할뿐으로, 그 내용은 단편적으로 겨우 이해할 수 있을 정도로 난해하다.

무용 자체도 야에야마 무용과는 크게 다르며 무용수의 모습도 특이하다. 무용수들은 빨갛게 물들인 파초芭蕉실로 얼굴을 가리고 검은 두건을 머리에 쓰고 춤춘다. 산구루로의 무용은 이 이상한 분장 때문에 먼 남쪽 섬으로부터 전래된 것으로 추측된다. 징 반주만 있고 오키나와의 전통악기 산신三線을 사용하지 않는 것도 독특한 분위기를 자아낸다.

이 무용의 마지막에 네 명의 무용수가 막 안으로 구르면서 들어가는데, 그 모습을 가마니 굴러가는 모습으로 간주하여 「산구루로サングルロ」의 '구루로'가 가마니 굴러가는 모습을 표현한 말이라고 해석하기도 한다.

또 다마키 겐분玉城憲文[1]은 『다케토미지마 나카스지 촌의 예능竹富島仲筋村の藝能』에서 '산구루로'란 '산구쿠다라三石俵'[2]가 변한 말이라고 설명하고 있다.

1 오키나와의 향토연구가이다. 본문에서 언급한 『다케토미지마 나카스지 촌의 예능』은 1976년 오리지널 기획オリジナル企劃에서 간행되었다.

2 여기서 '구쿠石'는 쌀을 세는 단위이다. '다라俵'는 쌀을 넣는 가마니라는 의미이다.

「산구루로」에서 약동하는 장면

그 무용의 유래에 대해서는 "인두세人頭稅 시대에 백성들은 어떻게든 연공年貢을 피해보려고 아이가 성장해도 아직 성인이 되지 않은 것처럼 보이기 위해 여러 가지 궁리를 했다. 그러나 인두세를 징수하던 사족들은 속옷을 입지 않던 시대였기 때문에 가능했다. 이를 판별하기 위해서 아이들에게 산구루로를 춤추게 하여 그 구르는 모습을 보고 성인인지 아닌지를 알아차렸다."라고 언급하였다.

「산구루로」의 출연자들

고모토 우타키幸本御嶽

하나쓰쿠 우타키花城御嶽

바이야 우타키波利若御嶽

구마라 우타키久間原御嶽

부록 1

다케토미지마 공민관의 연간 제사·행사 예정표

제사·행사	양력·음력·간지
4월 우후니가이大願	음력 4월 중순의 戊·己
4월 제례四月祭	음력 4월 중순의 壬 또는 癸
니시토 반하지리西塘バンハジリ	음력 6월 중순의 壬·癸
풍년제(푸이プィ)	음력 6월 하순의 壬·癸
나나바타니가이七夕願い	음력 7월 7일
쇼로ショーロ(오본お盆)	음력 7월 13·14·15일
경로회	양력 9월 두 번째 일요일(경로의 날)
시치사이節祭	음력 7월·8월의 己亥
기쓰간結願	음력 8월의 壬·癸
유무카이世迎い	음력 8월 8일
십오야 마쓰리十五夜祭	음력 8월 15일
9월 우후니가이	음력 9월의 戊·己
다나두이種子取祭	음력 9월·10월 갑신甲申～임진壬辰
10월 제례十月祭	음력 10월의 壬 또는 癸
나키 축하ナーキ祝い	음력 11월의 戊 또는 己
대장간의 기원	음력 12월의 庚 또는 辛
합동 축하모임	양력 2월
2월 제례二月祭	음력 2월의 壬 또는 癸

부록 2

다나두이 봉납예능 일정표(2019~2031년)

연월	첫째 날의 봉납예능		이틀째 날의 봉납예능	
2019년	10월 20일	일요일	21일	월요일
2020년	10월 14일	수요일	15일	목요일
2021년	10월 9일	토요일	10일	일요일
2022년	10월 4일	화요일	5일	수요일
2023년	11월 28일	화요일	29일	수요일
2024년	11월 22일	금요일	23일	토요일
2025년	11월 17일	월요일	18일	화요일
2026년	11월 12일	목요일	13일	금요일
2027년	11월 7일	일요일	8일	월요일
2028년	11월 1일	수요일	2일	목요일
2029년	10월 27일	토요일	28일	일요일
2030년	10월 22일	화요일	23일	수요일
2031년	10월 17일	금요일	18일	토요일

야에야마지마 견취도

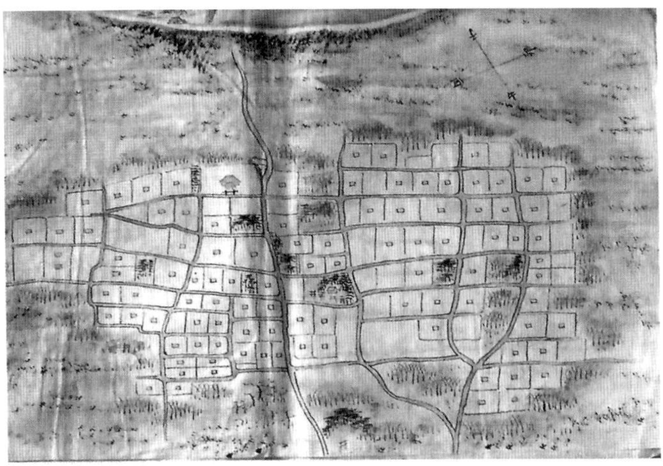

야에야마지마 견취도見取圖 다케토미지마(온고학회溫故學會 소장) – 하자마玻座間

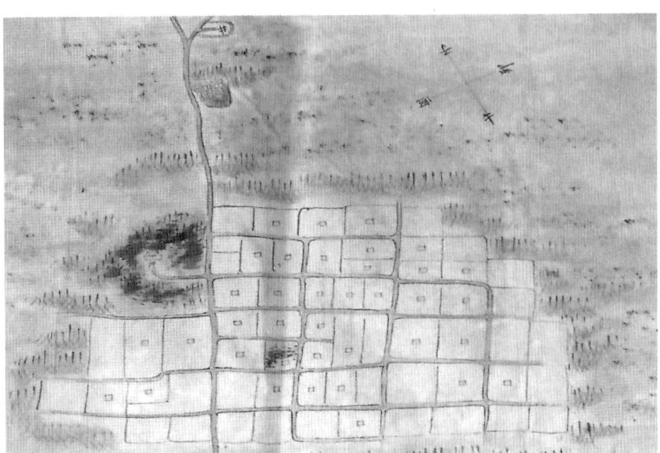

야에야마지마 견취도見取圖 다케토미지마(온고학회溫故學會 소장) – 나카스지仲筋

오키나와 다케토미지마竹富島 지역의 우타키御嶽 신앙

1. 우타키 : 오키나와 민속종교의 성역

오키나와沖繩에는 '우타키御嶽'라고 총칭하는 민속종교의 성역聖域이 존재한다. 우타키라는 용어는 오키나와에서도 지역에 따라서 그 부르는 명칭이 다르다.[1] 이는 오키나와의 민속종교에서 매우 중요한 위치를 차지하며 특히 마을공동체 제사의 핵심을 이루고 있다.

이 연구는 문헌연구 및 필자의 현지조사 결과를 바탕으로,[2] 오키나와의 다케토미지마竹富島에 전승되는 우타키 신앙을 고찰하는 것이 목적이다. 오키나와의 우타키 신앙에 대해서는 일찍부터 많은 연구자들이 주목하였다. 그 중에서 본고에서 참고한 몇 가지 두드러진 연구 성과를 소개하기로 한다. 마키노 기요시(牧野淸, 1976)는 야에야마 제도八重山諸島에 분포하는 우타키를 중심으로 우타키의 역사적인 유래에 대해서 고찰한 바 있다. 와쿠가미 모토오(湧上元雄, 1978)는 오누이 시조兄妹始祖 설화를 중심으로 오키나와의 우타키와 전승의 관계를 논하였다. 마에모리 요시히데(前盛義英, 1980)는 이시가키지마 미야라宮良의 야마자키 우타키山崎御嶽를 사례로 들어 우타키 신앙을 고찰하였다. 한국의 연구자로는 한국의 남도지역 촌락공동체 신앙과의 비교연구를 시도한 表仁柱(2001)의 연구가 있다.

1 우타키御嶽란 오키나와에서 오가미야마おがみ山, 무이森ムイ, 구스쿠グスク, 우간ウガン, 온オン, 스쿠スク 등으로 부른다. 지역에 따라서 부르는 명칭이 차이가 난다. 아마미제도奄美諸島에서는 오가미야마おがみ山, 구스쿠グスク라고 부르며, 오키나와 제도沖織諸島에서는 무이森, ムイ, 우간ウガン, 구스쿠グスク 등으로 부른다. 그리고 미야코 제도宮古諸島에서는 구스グス라고 부르며, 야에야마 제도八重山諸島에서는 온オン, 와ワーー7, 우간ウガン, 스쿠スク 등으로 불러왔다. 沖織タイムス社(1983a : 294).

2 필자는 2002년 6월 6일 조사지인 오키나와의 다케토미지마에서 예비조사를 실시하였으며, 6월 29일에서 7월 7일까지 열흘 정도 체류하며 본격적인 현지조사를 실시하였다.

필자가 본고에서 주목하는 다케토미지마의 우타키 신앙에 대한 선행연구로는 류큐대학의 민속연구회(琉球大學民俗研究クラブ, 1965), 다이 신타로(大眞太郎, 1974), 우에세도 도오루(上勢頭亨, 1976), 마키노 기요시(牧野淸, 1990), 가리마타 게이치(狩俣惠一, 1999) 등이 있다. 특히 우에세도 도오투의 연구는 우타키 신앙만이 아니라 다케토미지마에 전승되는 민속에 대해서 가요, 예능, 민화, 민속으로 나누어 종합적으로 고찰한 귀중한 연구이다. 가리마타 게이치는 다케토미지마에 전승되는 가요 연구의 일환으로 우타키 신앙을 고찰하였다.

본고에서는 먼저 다케토미지마에서 신앙의 대상이 되고 있는 우타키의 분포 현황을 알아보기로 한다. 이어서 현재 확인된 우타키의 유형 분류를 시도한다. 그리고 우타키를 관리하며 제사를 주관하는 여성 사제司祭인 간쓰카사神司의 존재에 대해서 고찰한다. 이를 통해서 다케토미지마의 우타키 신앙의 전체적인 모습을 드러내고자 한다.

2. 다케토미지마의 지리적 위치 및 문화적 위상

다케토미지마는 오키나와의 야에야마 제도八重山諸島에 속하는 작은 섬이다.[3] '다케토미竹富'라는 명칭은 이 섬에 처음으로 건너왔다는 마을 추장酋長의 이름과 밀접한 관련이 있다. 즉 추장의 이름인 다가니둔他金殿에서 다키네토노タキネトノ―다키토노タキトノ―다키둔タキドゥン 데둔テードゥン의 과정을 거치면서 지금의 다케토미라는 지명으로 정착되었다고 한다.[4]

이 섬은 이시가키지마石垣島에서 서남쪽으로 약 6.5km

3 이 논문에서 자주 등장하는 오키나와의 지역권地域圈과 관련한 지명을 설명한다. 야에야마 제도八重山諸島란 류큐열도琉球列島의 남단에 위치한 크고 작은 31개의 섬으로 이루어진다. 이시가키지마石垣島나 다케토미지마가 여기에 속한다. 미야코 제도宮古諸島는 미야코지마宮古島를 비롯한 8개의 섬으로 이루어진다. 사키시마 제도先島諸島란 야에야마 제도八重山諸島와 미야코 제도宮古諸島 양쪽을 포함하여 가리키는 말이다.

4 上勢頭亨(1976: 2).

떨어진 곳에 위치한다. 이시가키지마에서 배로 약 5분 정도 걸리는 거리이다. 섬의 주위가 9.15km, 면적은 5.42km로 낮고 평탄한 융기산호초로 이루어져 있다. 관청의 인구조사에 따르면 1995년 10월 1일 현재 인구가 262명에 불과하다.[5]

다케토미지마는 오키나와 및 야에야마제도의 역사에서 중요한 위치를 차지한다. 류큐왕국琉球王國 시대인 1524년(尙眞王 48년)에 다케토미지마 출신인 니시토西塘라는 인물이 이 섬 에서 야에야마八重山지역을 통치했다고 한다. 이를 반영하듯이, 당시의 행정관청에 해당하는 구라모토藏元 유적이 지금도 다케토미지마에 남아있다. 현재 다케토미지마에 세워진 의 니시토 우타키西塘는 니시토를 제신祭神으로 제사지내는 우타키이다.[6]

특히 다케토미지마에는 민속문화가 풍부하게 전승되고 있다. 이 섬의 최대 공동체제사인 다나두이種子取祭, タナドゥイ는 1972년에 국가중요무형민속문화재로 지정되었다. 다나두이는 다케토미지마에 전승되는 민속문화의 총화이자 집대성이라고 말할 수 있을 것이다. 1987년에는 다케토미지마의 촌락이 일본에서 24번째로 중요전통적건조물군보존지구重要傳統的建造物群保存地區로 선정되었다. 이 섬의 현행 민속문화는 민속적 차원만이 아니라 지역활성화운동村おこし이라는 차원에서도 중요한 의미를 지니고 있다.

1996년에 다나두이의 보존 및 계승을 주요 목적으로 하는 '전국다케토미지마문화협회全國竹富島文化協會'[7]라는 전국적인 네트워크가 설립되었다. 이 문화협회에서는 『별 모래의 섬星砂の島』[8]이라는 회지會誌를 발행하고 있

5 인구통계는 『竹富町勢要覽』(1998)에 따른다.

6 다케토미지마의 역사에 대해서는 亀井秀一(1990)을 참조.

7 이 문화협회는 지역활성화운동이라는 측면에서 주목할 필요가 있다. 다케토미지마는 면적이 좁고 인구가 적은 섬인데도 불구하고 지역활성화운동에 크게 성공하였다고 평가된다. 전국다케토미지마문화협회가 성공에 이르기까지 기여한 바가 크다. 문화협회의 조직은 본부, 다케토미지부, 이시가키 하자마石垣玻座間지부, 이시가키 나카스지石垣仲筋 지부, 오키나와 지부, 본토本土지부로 이루어졌다. 문화협회의 구성원을 보면, 작가 이케자와 나쓰키池沢夏樹, 뉴스 캐스터 지쿠시 데쓰야筑紫哲也, 국학원대학 명예교수 우스다 진고로臼田甚五郎 등, 많은 저명인사가 특별고문으로 참여하고 있다. 또한 다케토미지마의 전통문화와 직접·간접적으로 인연을 맺은 많은 연구자들이 전문위원으로 참여하고 있다.

8 '별 모래星砂'란 다케토미지마 해변에 널린 모래가 마치 별 모양처럼 생겼다고 해서 붙여진 이름이다. 회지는 2003년 현재 제7호까지 발행되었다. 다케토미지마의 역사 및 민속에 관한 기록은 물론이고, 섬 출신 인사들의 활약 상을 폭넓게 소개하고 있다.

다. 다케토미지마에서는 문화협회를 중심으로 전통문화 및 민속문화의 보존·계승에 진력하고 있다. 동시에 이 섬에 전승되는 전통문화 및 민속문화를 관광자원으로 활용하여 관광객을 유치하기 위한 노력을 거듭하였다. 그 결과, 1998년에 이 섬을 방문한 관광객이 181,405명에 이르는 효과를 거두었다고 한다.[9]

3. 다케토미지마의 우타키 신앙

3.1. 우타키의 분포

오키나와에는 북부에서 남부에 이르기까지 전역에 걸쳐 우타키가 골고루 분포하고 있다. 우타키가 성립한 역사도 매우 오래되었다. 슈리왕국首里王府에서 1713년에 편찬한 지지地誌인 『류큐국 유래기琉球國由來記』[10]에 기록된 우타키의 수치를 확인하면 슈리首里에 29곳, 나하那覇·도마리泊에 8곳, 시마지리島尻에 297곳, 나카가미中頭에 210곳, 구니가미國頭에 143곳, 이헤야 제도伊平屋諸島에 22곳, 도리지마鳥島에 7곳, 아구니지마粟國島에 9곳, 도나키지마渡名喜島에 6곳, 구메지마久米島에 29곳, 게라마 제도慶良間諸島에 37곳, 미야코지마宮古島에 29곳, 야에야마 제도八重山諸島에 76곳이 소재한다.[11]

필자의 조사에 따르면 다케토미지마에는 현재 28곳에 우타키가 소재한다.[12]

다음의 [표 1]은 선행연구 및 필자의 현지조사 결과에 근거하여 다케토미지마에 소재하는 우타키를 명칭, 제신의 성격, 우타키의 위치 등의 항목으로 나누어서 정리한 것이다.[13]

9 관광객 통계는 『竹富町勢要覽(1998)에 따른다. 다케토미지마의 관광 현황에 관해서는 吳錫畢(2000)을 참조. 吳錫畢은 다케토미지마를 포함한 다케토미정竹富町 관광산업의 문제점의 하나로, 많은 관광객들이 다케토미정에서 숙박하지 않고 가까운 이시가키지마石垣島로 나가서 숙박하는 점을 꼽았다.

10 1713(尚敬1)년 11월에 성립하였으며 전 11권으로 구성되었다. 슈리왕국首里王府 시대의 문헌 중에서 가장 오래되고 권수가 많은 체계적인 지지地誌이다. 5권에 왕성王城과 슈리首里의 우타키가 기록되어 있으며, 12~21권에 기타 지역의 우타키에 관한 기록이 기술되어 있다. 오키나와 고래의 제사에 관해서 상술하고 있는 점이 특색으로, 오키나와 연구에 있어 가장 기본적인 문헌 중의 하나이다. 『류큐국 유래기』의 성립사정 등에 관해서는 外間守善·波照間永吉編(1997: 593~599)을 참조.

11 縄織タイムス社(1983a: 294).

12 野清(1990: 317)에 따르면 다케토미지마 출신의 민속연구자인 上勢頭亨는 생전에 "다케토미지마에는 신을 모신 곳이 88곳이나 있었다"라고 말했다고 한다. 이 점은 현재 밝

[표 1] 다케토미지마의 우타키御嶽 현황

우타키 명칭	제신祭神의 성격	소재지	비고
하자마 우타키波座眞御嶽	조粟의 신	西屋敷	六嶽
나지 우타키仲筋御嶽	보리의 신	小波本原	六嶽
곤토 우타키幸本御嶽	콩의 신	小波本原	六嶽
구마라 우타키久間原御嶽	산신	花城原	六嶽
하나쓰쿠 우타키花城御嶽	바다의 신	花城原	六嶽
바이야 우타키波利若御嶽	물의 신	細原	六嶽
마이누 우타키清明御嶽	섬의 창조신島造りの神	東屋敷	八嶽
후이나 우타키國仲御嶽	나라의 평화를 수호하는 신	國仲原	八嶽
니시토 우타키西塘御嶽	섬의 수호와 정치의 신, 역사적 인물	東屋敷	九嶽
미샤시 우타키美崎御嶽	해상안전의 신, 바다의 신, 배의 신	最北端	
유므쓰 우타키世持御嶽	마을 수호신, 불과 농경의 신	西屋敷	
니란ニーラ石拜所	세상을 맞이하는 근본신	前原海岸 (西海岸)	
니우스이 우타키根嚶御嶽	니란신의 휴식처	西海岸	
우야두마리 우타키親泊御嶽	바다와 배의 수호신	北崎	
시무자시 우타키肝合掌御嶽	여행의 수호신	北崎 도로의 동쪽	
마치 우타키眞知御嶽	영감靈感의 신	西屋敷	
아가리파이자시 우타키 東パイザーシ御嶽	섬의 창조신, 섬을 육성하는 신	東屋敷	
슈가네 우타키白金御嶽	축성築城의 신	仲筋原	仲筋御嶽의 子嶽
이르미사시 우타키西美崎御嶽	어업의 신, 바다 생물의 신	皆治原	仲筋御嶽의 子嶽
가지 우타키鍛冶御嶽	대장장이 신	皆治原	
시마호 우타키志麻保御嶽	조선造船의 신	志麻保原	
우니 우타키宇根御嶽	선원의 신	志麻保原	墓
하니야마 우타키植山御嶽	병마를 물리치는 신	仲筋部落	仲筋御嶽의 子嶽
아루마이 우타키阿禮御嶽	동물과 불의 신	仲筋原	
아이미사시 우타키東美崎御嶽	바다와 감자의 신	東美崎	
슈라무이 우타키衆良盛御嶽	자손번영의 신	大舛原	
부사시 우타키武佐志御嶽	나지 우타키의 발상지	西武佐志原	
우시누 우타키牛の御嶽	우마牛馬의 수호신	世持御嶽의 동북	

다케토미지마의 28곳 우타키 중에서 신앙적으로 가장 중요한 위치를 차지하는 것은 현지 사람들이 무야마六嶽라고 부르는 6곳의 주요 우타키이다. 무야마는 하자마 우타키波座眞御嶽, 나지 우타키仲筋御嶽, 곤토우타키幸本御嶽, 구마라우타키久間原御嶽, 하나쓰쿠우타키花城御嶽, 바이야우타키波利若御嶽를 가리킨다.[14] 무야마에 마이누우타키淸明御嶽, 후이나우타키國仲御嶽를 더해서 야야마八嶽라고 부르기도 한다. 또한 야야마에 니시토우타키西塘御嶽를 더해서 구누야마九嶽라고 부르기도 한다.

다케토미지마의 무야마가 역사적으로 오래 전에 성립하였다는 사실은 『류큐국 유래기』의 기록을 통해서도 확인할 수 있다. 『류큐국 유래기』에는 무야마의 유래에 대해서 다음과 같이 적고 있다.

오른쪽의 여섯 우타키가 세워진 유래는, 옛날 다케토미지마에 하자마 촌波座真村의 네하라, 나카스지 촌仲筋村의 아라시하나카사나리, 고모토촌幸本村의 고모토 후시카와라, 구마바라 촌久間原의 구마바라 하쓰, 하나시로촌花城의 다카네, 하레와카 촌波紅若村의 시오카와라고, 여섯 명의 추장首長이 살고 있었다. 여섯 명은 합심하여 모든 사람들을 사랑하였으며, 작물作物을 위해서 수호신을 모시고 싶었다. 기원을 하였더니 기원한 바와 같이 여러 지역에서 신이 건너와서 탁선託宣하였다. 너희들의 염원이 통하여 섬을 위해서 또 모든 사람들을 위해서 수호신으로 저쪽 섬에서 건너왔노라. 여섯 추장을 비롯한 섬사람들이 삼가 절을 하며 모셨다. 우타키를 만들어서 한 분씩 모시고 참배하기 시작하였다.[15]

『류큐국 유래기』에는 위의 기록에 앞서 무야마를 차

혀진 28곳의 우타키 이외에도 과거에는 다케토미지마에 더욱 많은 우타키가 존재했을 가능성을 시사하고 있다.

13 선행연구로는 上勢頭亨(1976), 牧野清(1990) 등을 참조하였다.

14 케토미지마 우타키의 명칭에 관해서는 현지에서도 두 가지 명칭이 혼용되고 있다. 첫째 원래 현지사람들의 발음으로 부르던 명칭이 있다. 둘째 근대에 들어서 이른바 표준어정책의 영향이나 연구자들의 영향으로 부르는 명칭이 있다. 예를 들면 '仲筋御嶽'의 경우에 '나지온'이라고 부르기도 하고, '나카스지 우타키'라고 부르기도 한다. 본고에서는 독자의 가독성을 고려하여 후자를 선택하여 표기하도록 한다.

15 外間守善·波照間永吉 編(1997: 494).

례대로 열거하며 각 우타키에서 모시는 신의 이름神名, 이베나御イベ名, 건너온 지역御渡, 처음으로 모셔지기 시작한 사람オガミ 初ル 등에 관해서 기록하였다. 그 중에서 하자마 우타키의 경우를 예로 들기로 한다. 『류큐국 유래기』에는 "다케토미지마 하자마 우타키의 신명은 도요미오레야마이고 이베나는 하타토오아루지이다.波座間御嶽神名豊見御ヲレ山竹富村御イベ名ハタト大アルジ."라고 기록하고, 이어서 "야쿠시마에서 건너왔으며 네하라카미토노를 처음으로 모셨다屋久島ヨリ御渡。根原カミトノ、オガミ初ル."라고 기록하고 있다. 이는 『류큐국 유래기』의 우타키에 관한 기록은 야에야마 지역에 소재한 우타키에 한정된 것으로, 우타키 연구에 있어서 중요한 참고가 되는 역사적인 기록이라고 평가할 수 있다. 다음의 [표 2]는 필자가 『류큐국 유래기』의 기록을 참고로 하여 알아보기 쉽게 정리한 것이다.

[표 2]를 보면 신명神名과 이베나御名가 구분되어 적혀 있다. 선행연구에 따르면 신명神名이란 우타키의 성스러운 이름聖名이며, 이베나御名는 우타키에 모신 신의 이름을 의미한다고 한다.[16] 여기서 '이베イベ'라는 말은 '이비イビ'와 통하는 말이다. 이비イビ란 우타키 안쪽의 깊숙한 곳에 위치한 가장 성스러운 공간으로 남성들의 출입이 금지되어 있다. [표 2]를 보면, 하자마 우타키波座眞御嶽, 곤토 우타키幸本御嶽, 구마라 우타키久間原御嶽, 바이야 우타키波利若御嶽는 공통적으로 '오아루지大アルジ'라고 적고 있다. 나지 우타키仲筋御嶽는 이에스시야イヘスシヤ로 되어 있으며, 하나쓰쿠 우타키花城御嶽는 이에스시야가와스시야イヘスシヤカワスシヤ로 되어 있다.

16 亀井秀一(1990:64).

[표 2] 『류큐국 유래기』에 기록된 무야마六嶽

우타키 명칭	신의 이름神名	이베나御イベ名	건너온 곳御渡	모셔진 사람
하자마 우타키 波座眞御嶽	도요미오레야마 豊見ヲレ山	하타토오아루지 ハタト大アルジ	야쿠시마 屋久島	네하라칸두
나지 우타키 仲筋御嶽	미야토리야가미야마 宮鳥ヤ神山	이헤스시야 イヘスシヤ	오키나와 본도 オキナワカナシ	아라시하나카사나리
곤토 우타키 幸本御嶽	구니노네노가미야마 國ノ根ノ神山	모치야이오아루지 モチヤイ大アルジ	구메지마 久米島	곤투훈가라
구마라 우타키 久間原御嶽	아가리구마마가미야마 東久間眞神山	도모리오아루지 友利大アルジ	오키나와 본도 オキナワカナシ	구마라하쓰
하나쓰쿠 우타키 花城御嶽	도요미하나사우 豊見ハナサウ	이헤스시야가와스시야 イヘスシヤカワスシヤ	오키나와 본도 オキナワカナシ	다가니둔
바이야 우타키 波利若御嶽	아라카시노가미야마 新カシノ神山	소데타레오아루지 袖タレ大アルジ	도쿠노시마 德之島	스카둔

『류큐국 유래기』의 무야마에 관한 기록은 검토하면, 다케토미지마의 무야마는 외부에서 건너온 신渡來神을 모시기 위해서 비로소 창건되었음을 알 수 있다. 이는 야에야마 제도에 분포하는 우타키의 유래 및 성립과정에서 흔히 볼 수 있는 유형 중의 하나이다. 하자마 우타키波座眞御嶽의 도요미오레야마豊見ヲレ山와 곤토 우타키幸本御嶽의 구니노네노가미야마國ノ根ノ神山는 야쿠시마屋久島에서 건너온 것으로 되어 있다. 나지 우타키仲筋御嶽의 미야도리야 가미야마宮鳥ヤ神山와 구마라 우타키久間原御嶽의 아가리구마마 가미야마東久間眞神山, 그리고 하나쓰쿠 우타키花城御嶽의 도요미하나소豊見ハナサウ는 모두 오키나와가나시オキナワカナシ에서 건너왔다. 바이야 우타키波利若御嶽의 아라가시노가미야마新カシノ神山는 도쿠시마德島에서 건너왔다고 한다.

17 牧野清(1990:67~68).
18 前盛義英(1980:32).

3.2. 우타키의 유형 및 성격

다케토미지마에 분포하는 28곳의 우타키의 성격을 파악하기 위해서는 우타키를 유형별로 나누어 고찰할 필요가 있다. 우타키의 유형별 분류로는 기노 기요시牧野淸나 마에모리 요시히데前盛義英의 분류 방법이 있다. 마키노 기요시는 야에야마 제도八重山諸島의 우타키가 성립하게 된 유래 및 성격을 중심으로 하여, ①신의 탁선에 따름, ②도래신渡來神을 모시기 위함, ③개척자 또는 공동체 사회에 공헌한 사람을 신으로 모시고 묘지를 제사지냄, ④영험한 돌이나 영험한 불靈火, ⑤불의 신을 모심, ⑥목장의 우마牛馬가 번성하기를 기원하여 세움, ⑦물의 신水神을 모심, ⑧풍어의 신豊漁神을 모심, ⑨항해 안전을 기원하기 위해서 세운 경우 등 9가지 유형으로 분류하고 있다.[17]

마에모리 요시히데야는 에야마 제도에 분포하는 우타키를 그 성격에 따라서, ①풍작이나 풍어를 기원하는 곳, ②마을 사람들의 안녕과 번영을 기원하는 곳, ③고대 영웅의 무덤에서 출발하여 우타키가 된 곳, ④멀리서 찾아오는 신의 내방과 관계가 있는 곳, ⑤항해의 안전을 기원하는 곳, ⑥본 우타키本御嶽에 대해 분 우타키分御嶽 요배지 등으로 분류하였다.[18]

본고에서는 마에모리 요시히데의 분류 방법을 적용하여 다케토미지마에 소재하는 28곳 우타키의 유형화를 시도하였다. 분류 기준으로는 우타키와 관련한 설화, 제신의 유래 등을 참고로 하였으며 그 결과는 다음과 같다. 다케토미지마에 소재하는 우타키를 유형별로 나누어 고찰하는 이유는 무엇보다도 우타키에 모셔진 신격神格의 성격을 분명하게 규명하기 위해서이다.

① 풍작이나 풍어를 기원하는 우타키 : 하자마 우타키波座眞御嶽, 나지 우타키仲筋御嶽, 곤토 우타키幸本御嶽, 구마라 우타키久間原御嶽, 하나쓰쿠 우타키花城御嶽, 바이야 우타키波利若御嶽, 유므쓰 우타키世持御嶽, 이르미샤시 우타키西美崎御嶽, 아이미샤시 우타키東美崎御嶽

② 마을 사람들의 안녕과 번영을 기원하는 투타키 : 마이누 우타키清明御嶽, 후이나 우타키國仲御嶽, 아가리파이자시 우타키東パイザーシ御嶽, 슈라무이 우타키衆良盛御嶽

③ 고대 영웅의 무덤에서 출발하여 우타키가 된 우타키 : 니시토 우타키西塘御嶽

④ 멀리서 찾아오는 신의 내방과 관계가 있는 우타키 : 니란ニーラン石拜所, 니우스이 우타키根襲御嶽

⑤ 항해의 안전을 기원하는 우타키 : 미샤시 우타키美崎御嶽, 우야두마리 우타키親泊御嶽

⑥ 본 우타키本御嶽에 대해 분 우타키分御嶽 요배지 : 슈가네 우타키白金御嶽, 하니야마 우타키植山御嶽, 이르미샤시 우타키西美崎御嶽

그런데 우타키의 유형화를 시도할 때에 유의할 점이 있다. 유형별로 나누었다고 해서, 어느 한 곳의 우타키가 단일한 유형 혹은 특정한 유형에만 한정되지 않는다는 점이다. 우타키는 시간의 경과와 함께 여러 신을 함께 제사 지내면서, 처음 우타키가 세워졌을 때보다도 훨씬 복

합적이고 중층적인 성격을 지니게 되었다고 보아야하기 때문이다. 즉 우타키가 성립할 당시에는 단일한 성격의 신격神格이었을지라도, 시간이 지남에 따라서 복합적이고 중층적인 신격으로 확대되었다고 생각해야만 한다. 예를 들어 무야마에 모셔진 여섯 제신祭神은 각각 조의 신粟の神, 보리의 신麥の神, 콩의 신豆の神, 산신山の神, 바다의 신海の神, 물의 신水の神으로, 유형 분류에서는 풍작이나 풍어를 기원하는 우타키에 속한다. 그렇지만 앞의 『류큐국 유래기』의 기록에서 확인한 바와 같이, 이 여섯 신은 다케토미지마의 여섯 추장曾長들과 밀접한 관계가 있다는 점을 고려 할 때에 기본적으로는 마을의 수호신이라는 신격을 지니고 있다고 보아야 할 것이다. 그 증거로 다케토미지마에는 여섯 추장들이 토지와 바다를 분배하여 다스렸다고 하는 전설이 전해지고 있다.[19]

4. 다케토미지마의 간쓰카사神司

우타키 신앙을 고찰하고자 할 때에 빠뜨릴 수 없는 것이 간쓰카사神司라고 일컫는 여성 사제司祭의 존재이다. 간쓰카사란 일반적으로 '신에게 기원하는 여자祈る神女'라는 의미를 지닌 오키나와 말이다. 우타키御嶽를 관리하며 제사를 주관하는 여성을 의미한다. 오키나와 본도沖縄本島의 노로ノロ나 니간根神에 해당하는 신녀神女를 미야코지마宮古島 및 야에야마八重山 지역에서 부르는 호칭이다.

현재 다케토미지마에는 6명의 간쓰카사神司가 일선에서 활동하고 있다. 이 논문에서는 필자가 현지에서 4명의 간쓰카사와 인터뷰한 내용의 일부를 사례로 소개하기로 한다.[20]

19 전설을 요약하면 다음과 같다.
옛날 다케토미지마에는 여섯 추장이 있었다. 다케토미지마는 토지가 좁고 생활이 불편했기 때문에, 여섯 추장들은 각자 영지領地를 나누기로 협의했다. 하나쿠촌花城村의 추장은 바다의 소유자가 되었다. 하자마촌波座間村의 추장은 하자마촌을 중심으로 좋은 토지를 받아서 조粟를 경작했다. 곤토촌幸本村의 추장도 좋은 토지를 받아서 콩을 경작하였다. 나지촌仲筋村의 추장은 다케토미지마 중앙의 토지를 받아서 보리를 경작하였다. 바이야촌波利若村의 추장은 비가 내리기를 기원하고 섬의 풍작을 염원한다는 의미에서 비의 신이 되었다. 구마라촌久間原村의 추장은 사람들한테서 산신으로 존경받기에 이르렀다.

20 필자는 조사기간 동안에 병으로 도쿄에 있는 병원에 입원중인 한 사람을 제외한 다섯 명의 간쓰카사를 대상으로 인터뷰를 실시하였다.

사례 1

11살 때에 아버지가 사망하였다. 14살 때 오른쪽 눈이 충혈되어 점점 보이지 않게 되었다. 이시가키지마石垣島에 있는 병원에 가서 의사에게 진찰을 받았다. 수술을 해야만 할 것으로 생각했다. 유타ユタ[21]를 찾아가서 물어보았더니, "수술을 해서는 안 된다. 이는 신과 부처님의 예지이다. 내가 하는 말을 잘 듣고 신에게 간쓰카사가 되겠다고 약속하시오."라고 말했다. 그 후, 바이야 우타키波利若御嶽에 가서 신에게 빌었더니 눈이 좋아졌다. 20세에 결혼을 했다. 결혼 후 아이가 태어나고 나서 손발을 쓸 수가 없었다. 관절이 아파서 아이를 안을 수도 젓가락을 쥘 수도 없었다. 의사에게 치료를 받았지만 좋아지지 않았다. 다케토미지마의 유타ユタ에게 물어보았더니, "간쓰카사가 되겠다고 신에게 약속하고서 간쓰카사가 되지 않았기 때문이다." 라고 말했다. 그래서 간쓰카사가 될 준비를 했다. 1990년에 남편이 암으로 죽었다. 우리 조상 중에는 12대, 13대, 15대 사람이 간쓰카사를 했다고 한다. (간쓰카사가 되기 전에, **필자 보충**) 매일 밤 똑같은 꿈을 꾸었다. 누군가 나를 찾고 있었다. 나는 찾지 못 하도록, 감자밭, 마麻를 심어 놓은 밭 가운데에 숨어 있었다. 그 잎이 무척 키가 커서 찾지 못하도록 숨어 있었다. 그랬더니 사방팔방에서 열 사람 정도가 와서 나를 에워쌌다. 그 곳으로 온 사람은 항상 옛날 사람, 기모노着物를 걸친 남자가 자그마한 칼 같은 것을 차고, 그런 사람들이 모여들었다. 항상 똑같은 꿈을 새벽 4시에서 6시 사이에 반드시 꾸었다.[22]

21 신들린 상태에서 신령神靈이나 사령死靈 등의 초자연적 존재와 직접 접촉하거나 교류하며, 이 과정에서 영적 능력을 획득하여 탁선託宣·복점卜占·병치료 등을 행하는 주술적·종교적 일을 하는 사람을 가리킨다. 대부분의 경우에 여성이 담당한다.

22 2002년 7월 3일 청취. 구술자 N.H씨는 1941년생으로 바이야 우타키波利若御嶽의 간쓰카사이다. 1992년 1월 24일 간쓰카사가 되었다.

23 2002년 7월 4일 청취. 구술자 T.S씨는 1925년생으로 하자마 우타키波座真御嶽의 간쓰카사이다. 1995년 8월 31일에 간쓰카사가 되었다.

사례 2

친정 어머니도 간쓰카사였다. 어머니는 80살이 지나서 간쓰카사가 되었다. 간쓰카사가 되기 전에 "간쓰카사가 되어라."라고 여러모로 말을 들었다. 야에야마八重山에 사는 호루자ホ-ルザ-라고 해서 간쓰카사의 대장大將으로부터도 "신이 당신이 아니면 도저히 안 된다고 한다."는 말을 들었다. 그렇지만 이미 70살이므로 되지 않으려고 거부를 했다. N.H씨로부터 간쓰카사가 되지 않으면 큰일이 난다고 몇 번이고 말을 들었다. 이제부터 간쓰카사가 되는 것은 힘들 것으로 생각했지만, 몸이 점점 안 좋아졌다. 5분마다 소변을 보고 싶고 잠을 이룰 수가 없었다. 암은 아니지만 출혈을 하고 유방에서 응어리가 나왔다. 목숨을 잃는다면 자식이나 손자가 불쌍하므로 자신이 만들 수 있는 간쓰카사 의상을 만들어서 간쓰카사가 되었다. 간쓰카사가 되고 나서부터 몸이 좋아졌다.[23]

사례 3

지금 남편과는 1968년에 결혼했다. 자신이 큰일(간쓰카사: **필자주**)을 하리라고는 꿈에도 생각하지 않았다. 2000년 4월 4일 공민관公民館에서 모임이 있었다. 히가시 부락東部落의 역직役職이 결정되지 않아서 밤늦게까지 기다리고 있었다. 2시 40분경 굉장한 빛이 자신의 눈앞을 스쳐지나갔다. 집에 돌아와서 얼굴을 씻었지만 폭죽이 번쩍거리는 것처럼 빛이 전혀 사라지지 않았다. 3시 지나서 구급차를 불러서 이시가키지마石垣島에 있는 병원으로 갔다. 병원에서 검사를 하고 CT를 찍었지만 이상이 없다고 했다. 그 후 여러 가지 꿈을 꾸었다. 꿈속에서 S씨가 간쓰카사 의상神衣裳을 걸치고 T씨 집에서 제사를 지내고 있었다. 자신이 같이 하고 있었다. 주위 사람들에게 물어보았더니 "간쓰카사를 하지 않으면 안 된다."라고 말했다. 간쓰카사가 되기 3년 전, 12월 29일부터 기침이 나왔다. 병원에 가도 이상이 없다고만 말했다. 전혀 낫지 않다가 7월 1일이 되자 좋아졌다. 그런 상태가 3년 동안 이어졌다. 배에 종기가 생겼다. 약을 먹어도 낫지 않았다. 위에서 보면 비둘기가 손을 벌리고 있는 상태, 거울로 보면 부채가 펼쳐진 것 같은 상태였다. 병원에 가도 낫지 않았다. 이시가키지마石垣島에 사는 호루자ホ-ルザ-나 유타ユタ에게 상담했더니, "반드시 그 길로 나가라."(간쓰카사가 되라고: **필자 보충**)라고 했다.[24]

24 2002년 7월 4일 청취. 구술자 S.Y씨는 1948년생으로 곤토 우타키幸本御嶽의 간쓰카사이다. 2000년 12월 8일에 간쓰카사가 되었다.

25 이를 가리켜 현지에서는 '푸이豊年祭'라고 부른다. 음력 6월 14일과 15일에 열린다. 첫째 날을 온푸이お嶽穂利라고 해서, 각각의 무야마와 관련된 친족들의 제사조직인 우지코氏子가 각자 신앙하는 우타키에서 풍년감사제를 행한다. 이 때 부락의 대표자, 고문, 구장頭 등이 푸이豊年祭 노래를 부르며 무야마를 돌며 참배한다. 둘째 날을 두누이푸이殿居穂利라고 한다. 무야마의 밖에 배소拝所가 있어서 6명의 간쓰카사가 의식을 행한다.

26 2002년 7월 5일 청취. 구술자 U.M씨는 1933년생으로 하나쓰쿠 우타키花嫩御嶽의 간쓰카사이다. 1975년 12월 18일에 간쓰카사가 되었다.

사례 4

어머니는 21살 때에 암으로 죽었다. 1975년 12월 18일에 간비라키カンビラキ를 했다. 간비라키 때는 섬에 있는 우타키를 전부 돌았다. 아버지의 누이가 간쓰카사였다. 1960년 도쿄에 사는 아저씨를 믿고 도쿄로 나갔다. 1966년에 도쿄에서 결혼했다. 남편은 가고시마鹿児島 출신이다. 도쿄에서는 보육원에서 일을 했다. 보육원에서 오륙년 동안 일을 하였다. 아버지는 식도암으로 사망했다. 신으로부터 "(다케토미지마로, **필자 보충**) 돌아가라."는 예지인지, 몸에 이상을 느끼기 시작했다. 1973년 무렵 몸이 좋지 않아서 거의 매일 병원을 다녔다. 몸이 좋지 않아서 도쿄에 있는 의사하고도 "사실대로 말해 달라. 동정하지 마시오." 하고 싸움을 했다. 1974년 여름방학이 시작될 무렵에 1주일 예정으로 다케토미지마에 왔다. 신의 뜻이었는지 마침 섬에서 호넨사이豊年祭[25]가 열리던 시기였다. 이 때 다케토미지마의 할머니(간쓰카사 : **필자 보충**)의 권유로 유타ユタ를 찾아갔다. 할머니는 모두가 네가 간쓰카사가 되어야 한다고 생각하고 있는데, 유타를 찾아가서 확인시켜 주겠다고 했다. 이시가키지마石垣島에 사는 야마다 할머니라는 유타의 집에 따라 갔다. 무서웠다. 이후로 30년 동안 유타를 찾아가지 않았다. 할머니가 "이 아이는 지금 도쿄에 살고 있는데 몸이 좋지 않다. 신이 이 아이에게 바라는 바가 있는지, 진짜로 병에 걸린 것인지 알려 달라."라고 했다. 나는 옆에서 "(유타, **필자 보충**)할머니의 힘으로 지금 이 아이를 (저 세상으로) 데려가면 안 된다고 신에게 빌어 달라."라고 부탁했다. 유타 할머니는 향을 피우고 빌기 시작했다. 유타가 "할머니 일을 네가 대신 해야 된다." "할머니의 다음은 너다."라고 말했다. 나는 소리를 내어 울기 시작했다. 1975년에 섬으로 돌아왔다.[26]

이상 현재 다케토미지마竹富島에서 활동하고 있는 4명의 간쓰카사神司의 생애에서 이들이 간쓰카사가 되기까지의 동기를 중심으로 일부를 소개하였다. 사례를 통해서 먼저 주목할 점은 4명의 간쓰카사들이 모두 본인의 의지와는 상관없이 태어날 때부터 간쓰카사가 될 운명이었으며, 간쓰카사가 되기까지 공통적으로 무병巫病 을 체험하였다는 점이다.

일반적으로 신령神靈을 가까이에 모시고 섬기는 사람들은 태어날 때부터 운명적으로 그런 일을 하도록 되어 있으며, 다른 사람들보다 뛰어난 영적 능력을 갖추고 있다고 한다. 오키나와에서는 이를 가리켜 사다카우마리サーダカウマリ라 부르며, 이는 노로ノロ나 유타ユタ가 갖추어야 할 필수조건이기도 하다. 앞의 사례에서 소개한 다케토미지마의 간쓰카사들도 예외일 수 없다. T.S씨의 경우는 많은 나이를 이유로 간쓰카사가 되기를 거부했지만 운명을 거 역할 수가 없었다. S.Y씨의 경우도 본인이 간쓰카사가 되리라고는 "꿈에도 생각하지 않았음"에도 불구하고 간쓰카사가 되었다. 이들은 생득적生得的으로 사다카우마리로서의 자질을 갖추 고 있었으며, 이는 신령의 의지로 해석되고 있다. 이 신의 의지를 사람들이 구체적으로 확인할 수 있는 현상이 가미다리カミダーリ, 神祟リ이다.

다케토미지마의 간쓰카사들은 간쓰카사가 되기 전에 공통적으로 무병巫病을 체험하고 있다. 이 현상을 가리켜 오키나와에서는 가미다리カミダーリ라고 부른다. 가미다리란 주술적인 종교자 가 될 때에 일어나는 빙령憑靈상태를 의미하며, 초자연적 존재인 신과 인간의 교류체험

이다. 가미다리 현상은 오키나와의 주술적 세계를 이해하는데 있어 매우 중요한 위치에 있다. 사례에 소개된 간쓰카사들은 공통적으로 심신쇠약, 환각, 이상한 꿈 등과 같은 가미다리를 체험하였으며, 이 과정에서 자신들은 물론 주위 사람들도 이들이 간쓰카사가 될 운명이라는 것을 깨닫는다.

오키나와에서는 어느 개인이 가미다리를 체험하게 되면 유타ユタ를 찾아가서 판단을 의뢰하는 경우가 일반적이다. 이 경우에 유타ユタ는 그 원인을 규명하여 여러 가지 방법을 제시한다.[27] 다케토미지마의 간쓰카사들도 예외 없이 가미다리를 체험하면서 유타를 찾아가서 그 원인을 규명하고 있다.

5. 다케토미지마 우타키의 특징

오키나와에는 각지에 우타키라 총칭하는 성역聖域이 존재한다. 이 우타키와 관련한 신앙은 오키나와의 민속종교에서 중요한 위치를 차지한다. 신앙의 양상도 매우 중층적이고 복합적이라고 할 수 있다.

본고에서는 야에야마 제도八重山諸島에 위치한 다케토미지마竹富島의 우타키 28곳을 대상으로 고찰하였다. 먼저 28곳의 우타키의 분포 현황을 고찰하였고, 각각의 우타키의 유래 및 제신祭神의 성격을 기준으로 하여 유형 분류를 시도하였다. 유형 분류의 결과, 다케토미지마의 우타키의 성격 및 신격의 성격을 확인할 수가 있었다. 앞으로 다케토미지마의 우타키에 한정하지 않고, 오키나와 전역의 우타키를 대상으로 하여 연구를 이어가고자 한다.

27 일반적으로 세 유형으로 나눌 수 있다 첫째 사령死靈이나 조상의 영혼에 대한 공양 부족으로 공양을 받기 위해서이다. 둘째 집안을 계승하거나 가옥·재산 상속이 잘못된 경우. 또는 장례를 바르게 치르지 않은 경우. 셋째 선천적으로 유타(ユタ)가 될 운명이 정해진 사람이 일정한 나이가 되면 가미다리가 격화된다. 이 때 신의 뜻을 따르면 무병巫病이 해소된다. 佐々木宏幹(1983: 4~5).

우타키 신앙에서 불가결한 요소인 간쓰카사神司에 관해서도 고찰하였다. 현재 다케토미지마에서 활동하고 있는 모두 6명의 간쓰카사 중에서, 4명의 간쓰카사의 라이프 히스토리를 채록하여 분석하였다. 간쓰카사가 되기까지의 입무入巫 과정 등을 고찰한 결과, 이들 사이에는 오키나와의 다른 지역에서도 볼 수 있는 공통점이 뚜렷이 존재한다는 사실을 확인하였다. 앞으로 우타키 신앙을 정점으로 하여, 다케토미지마의 간쓰카사와 오키니와 다른 지역의 간쓰카사와의 비교, 간쓰카사와 다케토미지마 연중행사의 관련성, 우타키의 유래 및 변천과정에 얽힌 설화 등에 관해서 고찰하며 연구를 확대하고자 한다.

이 논문에서 직접 다루지는 않았지만, 다케토미지마는 지역활성화 운동村おこし이라는 관점에서 주목할 필요가 있는 지역이다. 섬 면적이 좁고 인구가 적은데도 불구하고 '전국다케토미지마문화협회'라는 네트워크를 조직하여 전통문화를 보존하고 계승하는 한편으로 이를 관광자원으로 활용하고 있다.

참고문헌

琉球大學民俗研究クラブ(1965)「竹富島調査報告」『沖繩民』第10号 琉球大學民俗研究クラブ.

大真太郎(1974)『竹富島の土俗』日本ジャーナリズム出版社.

上勢頭亨(1976)『竹富島誌 民話·民俗編』法政大學出版局.

上勢頭亨(1979)『竹富島誌 歌謡·芸能編』法政大學出版局.

牧野清(1976)「八重山のビッチル(自然石信仰)」『八重山文化論集』第1号 八重山文化研究會.

牧野清(1990)『八重山の御嶽』あ~まん企劃.

湧上元雄(1978)「沖繩の御岳と伝承」『沖繩民俗研究』倉刊J号 沖繩民俗研究會.

前盛義英(1980)「宮良村における御嶽信仰」『八重山文化論集』第2号 八重山文化研究會.

沖繩大百科事典刊行事務局(1983a)『沖繩大百科事典 上巻』沖織タイムス社.

沖繩大百科事典刊行事務局(1983b)『沖繩大百科事典 上巻』沖織タイムス社.

沖繩大百科事典刊行事務局(1983c)『沖繩大百科事典 上巻』沖織タイムス社.

亀井秀一(1990)『竹富島の歴史と民俗』角川書店.

佐々木宏幹(1983)『憑霊とシャーマン』東京大学出版会.

外間守善·波照間永吉(1997)『定本 琉球国由来記』角川書店

竹富町企画課(1998)『竹富町勢要覽J 竹富町企画課.

狩俣惠一(1999)『南島歌謡の研究』端木書房.

吳錫畢(2000)「竹富町における觀光の現状分析」『八重山、竹富島調査報告書(2)』沖織國際大學南.

島文化研究所.

表仁柱 他(2001)『韓国と沖縄の社會と文化』第一書房.

개정판을 내면서

— 다나두이種子取祭 예능에 대하여

1. 다케토미지마 예능의 역사

다케토미지마竹富島의 예능은 600년의 역사를 지닌 다나두이와 함께 진행되었다고 일컬어진다. 본래 다나두이의 예능은 야외에서 행해졌으며, 와오도리輪踊り[1]나 윤구투ユングトゥ[2]의 일인 교겐一人狂言을 연기하는 정도였지만, 오칸센오도리御冠船踊り[3]의 무대예능의 영향을 받게 되었다. 그리고 근대가 되자 오키나와연극이나 일본 본토의 예능도 받아들여 현재에 이르고 있다.

야에야마제도八重山諸島에서는 류큐琉球 왕국 시대부터 이시가키지마石垣島에 소재한 네 지역의 아자字[4](도노시로登野城·오카와大川·이시가키石垣·아라카와新川)를 중심으로 무대예능이 행해졌다. 그리고 이리오모테지마西表島, 구로시마黒島, 요나구니지마與那國島, 다케토미지마 등의 마을 제례에서도 무대예능이 행해져 왔다. 그 예능 중에서 노래와 산신三線은 주로 야에야마 사족士族이 담당하고, 교겐과 무용은 섬사람들이 중심이 되어 담당했다.

1879년 오키나와 현이 탄생한 후에는 다케토미지마에

1 이는 사람들이 둥글게 원을 만들어 추는 춤이다. 이른바 '본오도리盆踊り'의 일반적인 형태이다.

2 야에야마 제도八重山諸島에 전하는 가요이다. 다나두이나 기쓰간사이結願祭 등의 제사, 혹은 신축이나 결혼 등의 축하 잔치에서 부른다.

3 류큐琉球 왕조 시대에 중국 황제의 사자로 류큐에 온 책봉사 일행을 환대하기 위해 슈리 성首里城 안의 특설무대에서 연출되었던 궁정무용의 총칭이다.

4 '정町'이나 '촌村'보다 작은 옛 행정 단위이다. 오키나와에서는 아직도 아자 단위의 공동체 생활을 영위하는 곳이 많다.

오키나와연극과 구미오도리組踊가 전해졌다. 이로 인해 다나두이에서도 조오도리雜踊り[5], 사극, 가극 등을 공연하고, 전전戰前·전쟁 중에는 군인을 제재로 하는 현대극도 행해졌다. 그리고 종전이 되자 다케토미지마에서는 전지와 타이완 그리고 일본 본토에서 귀향한 젊은이들이 중심이 되어 스바루 좌スバル座를 결성하여 현대극이 성행했다. 스바루 좌의 현대극은 다케토미지마의 다나두이나 섬의 행사뿐 아니라 이시가키지마 및 이리오모테지마 등에서 공연을 하기도 했다.

5 류큐 무용 중에서도 비교적 최근에 창작되고 서민생활을 소재로 하는 것을 조오도리라고 하며, 그 대표적인 무용이 「누치바나貫花」이다.

복귀 전후인 1940~1950년대 사이에 섬의 전통적인 예능이 다시 중시되어, 쇼와昭和 51년(1976)에 도쿄의 국립극장에서 다나두이 예능을 공연하였다. 그리고 다음해에 중요무형민속문화재로 지정된 것을 계기로 하여, “다나두이에서는 주로 전통 예능을 공연하고, 그 밖의 행사·축하연 등에서는 오락적인 예능을 공연한다.”라고 구분하게 되었다. 다시 말하자면 다케토미지마에서는 전통 예능을 지키기 위해 ‘전통 예능’과 ‘새로운 오락 예능’을 의식적으로 구별한 것이다.

2. 다나두이 예능의 정신

다케토미지마를 일으킨 여섯 추장(시조신)에 관한 전승은 다나두이의 유래에 관한 전승과 밀접하게 연결되어 있다. 그 전승들은 여섯 신들을 중심으로 하는 ‘우쓰구미協力一致’ 정신을 강조하고 있다. 그리고 시조신에 관한 역사 전승은 다나두이 봉납예능의 정신적 기반으로써 지금도 면면히 구술되고 있다.

6 지역 사람들에 의해 행해지는 가부키 연극歌舞伎芝居을 말하며, 농한기나 제례 때에 젊은이들을 중심으로 공연하였다.

다나두이 예능의 특색은 섬의 언어로 섬에 전해지는 독자적인 노래·무용·교겐狂言을 다수 계승함과 동시에 섬 밖에서 전래된 예능을 섬의 독자적인 예능으로 변용시켜온 점에 있다할 것이다. 그것은 시조신에 관한 역사 전승에 기반을 둔 예능정신을 계승해 왔기 때문에 가능했다. 역사의식을 기바능로 하는 예능 문화는 항상 독자성을 지향한다.

지쿈긴例狂言[6]을 예로 든다면 「유히키世曳き」나 「아만치天人」는 슈리首里의 말로 공연하는 외래 예능이지만, 그 교겐들을 '다케토미 화化'하여 섬의 전통예능으로서 계승하는 것이 다케토미지마 예능의 특색이다. 그런 의미에서 「마미도マミドー」 무용도 고하마지마小浜島의 자장가인 「마미토마 윤타マミトーマユンタ」를 '다케토미 화' 한 것으로 생각해도 좋다.

또한 다케토미지마의 예능은 섬의 역사와 정신을 계승하기 위한 신사神事·의례와 같은 차원에서 거행되어 왔다. 그 점도 다케토미지마의 독자적인 예능 세계를 창출해가는 정신적 기반이며, 일찍이 다케토미지마에서는 '무용·교겐은 신에게 올리는 공물'로 여겼다.

3. '마당예능'과 '무대예능'

다나두이의 '마당예능庭の藝能'이라는 용어는 쇼와 51년(1976)에 도쿄 국립극장에서 행한 공연을 계기로 처음 사용하게 되었다. 옛날에는 이를 가리켜 '조랏키行列'라고 하였다.

마당예능은 용맹하고 힘찬 공연종목이 중심으로 파워풀한 종목으로 구성된다. 다만 「북太鼓」은 출연자의 하카마袴 차림에서 볼 수 있듯이, 이전에는 다케토미지마의 전직 임원 및 유지들이 관객들에게 인사하는 예능이었는데, 인구 감소에 남자 중학생과 노인에 의한 공연 종목으로 바뀌었다.

다시 말하자면 섬사람들의 활력과 파워풀한 기운을 신 앞에 봉납하기 위한 것이 '마당예능'이다. 이에 비해 무대예능은 우아함과 격식을 중시하는 감동적인 예능을 기본으로 구성한다. 다만 장시간에 걸쳐 행하는 무대예능에서는 관객들이 공연을 편하게 즐길 수 있는 웃음도 필요하기 때문에, 다나두이의 예능은 서민적인 오락성도 함께 포함되어 있다.

그런데 흥미롭게도 나카스지 촌仲筋村의 무대예능은 전자의 품격 있는 공연목록 즉 다가사루ダガサル를 중심으로 하는 데에 비해, 하자마 촌玻座間村의 무대예능은 후자의 재미있는 공연목록 즉, 우뭇사루ウムッサル를 중심으로 한다.

4. 다나두이와 도쿄·오키나와·이시가키의 다케토미 향우회

다케토미지마 출신자로 이루어진 세 곳의 향우회鄉友會 중에 도쿄 향우회는 다이쇼大正 14년(1925), 이시가키지마 향우회는 쇼와 17년(1947), 오키나와 향우회는 쇼와 25년(1950)에 창립되었다.

이시가키·오키나와·도쿄라는 세 곳 향우회의 설립 취지는 다케토미지마를 후원하여 발전시키고 동향인들의 친목을 도모하기 위함이다. 다케토미지마를 개척한 여섯 신들의 이야기를 중심으로 하는 '우쓰구미協力一致' 정신을 향우회의 이념으로 삼았다. 그리고 이들 향우회는 다케토미지마 및 다케토미 초등학교·중학교의 환경정비, 다나두이의 무대나 객석의 확장정비를 위한 자금을 후원함과 동시에 다나두이를 핵으로 하여 고향 다케토미지마와의 교류를 돈독히 해왔다.

다나두이에서는 이들 향우회의 무용과 교겐이 봉납된다. 향우회장은 시조 신들 앞에서 거행하는 '환대 의식'에 배열한다. 또 세 명의 향우회장은 다나두이를 행하는 경사스러운 무대 위에서 신들과 섬사람들에게 인사를 하는 관례가 있다. 덧붙여 말하자면, 다케토미 조竹富町의 정장町長이나 오키나와 현의 지사와 같은 귀빈이 참석해도 무대 위에서 관객들에게 인사할 기회를 주지 않는 것이 다케토미지마의 다나두이 축제이다.

가리마타 게이이치

역자 후기

이 책은 가리마타 게이이치狩俣惠一 선생님의 『種子取祭』(2013, 개정판)를 번역한 것이다. '種子取祭'는 오키나와 남쪽에 위치한 다케토미지마竹富島에서 해마다 가을에 치르는 마을 축제이다. 이 마을 축제는 공용 일본어로 '다네도리사이'라고 부르지만 다케토미지마 사람들은 흔히 '다나두이'라고 부른다. 이 책에서는 이 마을 축제의 역사성과 현장성을 존중한다는 의미에서 '다나두이'라는 용어로 통일하여 사용하기로 한다.

다나두이는 오키나와는 물론이고 일본 국내에서 널리 알려진 성대한 축제이다. 이 축제의 역사적 기원, 축제 관련 설화, 신앙적인 측면, 운영하는 방식 및 조직, 공연 종목 및 공연집단, 현재적 의미 등에 관해서는, 저자인 가리마타 선생님께서 〈저자 후기〉에서 충분히 설명하고 있으므로 중복을 피하기로 한다.

다케토미지마는 오키나와 본도에서 멀리 남쪽에 떨어져 있다. 섬의 면적이 5.42평방킬로미터에 인구가 약 300명 정도에 불과한 조그마한 섬이다. 나하공항에서 비행기를 타면 1시간 정도 걸려서 이시가키지마石垣島의 공항에 도착한다. 여기서 이시가키지마의 항구로 이동하여 쾌속선을 타고 10분 정도 달리면 다케토미지마에 도착한다. 이 섬은 주변의 해변에 깔린 모래가 별모양을 하고

있다고 해서, 일본에서는 '별모래의 섬星砂の島'이라는 이름으로 널리 알려졌다. 한국에서 2008년에 〈아오이 유우의 편지〉라는 제목으로 상영된 영화의 무대가 된 곳이기도 하다. 섬의 면적이 좁고 인구도 적은 조그마한 섬이지만 '전국다케토미지마문화협회'라는 전국적인 네트워크가 조직되어 있을 정도로, 이곳 섬사람들의 애향심은 남다르다. 이 때문에 다나두이를 비롯한 마을 일에 매우 적극적이다. 다케토미지마의 지리적 위치, 생활상, 다나두이의 신앙적 배경, 다나두이를 진행하는 여성 사제인 간쓰카사神司 등에 관해서는 부록으로 수록한 역자의 〈해제 논문〉을 참고하기 바란다. 〈해제 논문〉은 『일본어문학』(제20집, 한국일본어문학회)에 같은 제목으로 발표했던 논문에 약간의 수정을 가하였다.

저자 가리마타 선생님은 오키나와 다케토미지마 출신으로 일본 고전문학 및 민속학을 연구하는 연구자이시다. 현재 오키나와국제대학沖縄國際大學 종합문화학부 특임교수로 재직하고 계신다. 국학원대학國學院大學 문학부 및 대학원에서 일본문학과 민속학을 연구하셨으며 오키나와의 가요 연구로 박사학위를 취득하셨다. 이제까지 오키나와 구전문학 및 민속에 관한 많은 저서와 연구논문을 집필하셨다. 현재 오키나와문화를 축으로 동아시아문화를 조명하는 작업, 동아시아문화 속에서 차지하는 오키나와문화를 함께 조명하는 작업을 진행하고 계신다. 저서 『남도가요의 연구南島歌謡の研究』(1999)로 일본가요학회에서 수여하는 시다 노부요시상志田延義賞을 수상하셨다. 그밖에도 오키나와문화 및 민속연구에 진력한 공을 인정받아 오키나와문화협회상沖縄文化協會賞, 야에야마매일문화상八重山毎日文化賞 등을 수상하셨다.

역자와 가리마타 선생님과의 인연은 2002년 오키나와에서 시작되었다. 역자는 2002년 4월부터 5개월 동안 오키나와에 머물며 오키나와민속을 공부할 기회가 있었다. 이 기간에 가리마타 선생님을 만나서 다케토미지마를 소개받았다. 6월말에서 7월 사이의 여름에 다케토미지마에서 빈집을 하나 빌려서 열흘 동안 혼자서 지냈다. 섬 곳곳에 흩어져 있는 우타키御嶽라는 민속신앙의 성소를 조사하는 것이 목적이었다.

가리마타 선생님께서 〈한국어 번역판 출판에 즈음하여〉에서 언급하고 있는 것처럼, 역자가 머물렀던 빈집은 예사로운 집이 아니었다. 한국식으로 이해하자면 '귀신 나오는 집' 쯤에 해당하겠다. 처음에는 그 집에 얽힌 여러 가지 괴이한 이야기를 몰랐기 때문에 아무렇지도 않았지만, 사나흘이 지난 후에는 밤에 무서운 생각이 들기도 했다. 그 때 역자가 겪은 여러 가지 '문화적 충격'이 나중에 이 책의 번역으로까지 이어지지 않았나 싶다.

이 책이 출판되기까지 많은 분들이 힘을 보태주셨다. 저자 가리마타 선생님의 안내와 격려가 없었더라면 번역이 쉽지 않았을 것 같다. 역자는 번역을 하는 동안에 몇 번이고 가리마타 선생님을 직접 만나서, 혹은 메일을 주고받으며 의미가 불분명한 곳을 확인하며 귀찮게 해 드렸다. 가리마타 선생님의 친절과 후의에 감사드린다. 오키나와국제대학을 퇴임하신 이나후쿠 미키코稲福みき子 선생님은 역자를 오키나와 민속세계에 눈을 뜨도록 이끌어주셨다. 오랜 세월에 걸친 변함없는 가르침과 은혜에 감사를 드린다. 그리고 좋은 책을 만들기 위해서 애쓰

신 전남대학교출판문화원의 여러분들께도 마음 깊이 감사드린다.

역자는 2002년 오키나와 체류를 시작으로 지금까지 거의 해마다 오키나와를 방문한다. 그 덕분에 오키나와에 많은 친구들이 생겼다. 특히 2016년과 2017년에는 다케토미지마에서 다나두이를 견학하면서 많은 분들의 도움을 받고 신세를 졌다. 부족하지만, 이 번역서를 그 때 도움을 주신 모든 분들께 바치고자 한다.

2019년 1월 31일

역자 김용의

찾아보기

ㄱ

ㄹ

ㅁ

ㅂ

ㅅ

ㅇ

ㅈ

ㅊ

ㅍ

ㅎ

오키나와
다케토미지마 섬의
다나두이 축제

인 쇄 | 2019년 2월 11일
발 행 | 2019년 2월 15일

저 자 | 가리마타 게이이치
역 자 | 김용의
발행인 | 정병석
발행처 | 전남대학교출판문화원

등록 | 1981. 5. 21. 제53호
주소 | 61186 광주광역시 북구 용봉로 77
전화 | (062) 530-0571~2 마케팅 530-0573
팩스 | (062) 530-0579
홈페이지 | http://www.cnup.co.kr
이메일 | cnup0571@hanmail.net

값 13,000원

ISBN 978-89-6849-598-4 (03380)

이 도서의 국립중앙도서관 출판예정도서목록(CIP)은
서지정보유통지원시스템 홈페이지(http://seoji.nl.go.kr)와
국가자료공동목록시스템(http://www.nl.go.kr/kolisnet)에서 이용하실 수 있습니다.
(CIP제어번호 : CIP2019005472)